FABIO PROCOPIO

EL GATO Y

LAS FLORES DE BACH

Manual de terapia floral felina
para los compañeros humanos

EL GATO Y LAS FLORES DE BACH.
Manual de terapia floral felina para los compañeros humanos
ISBN: 978-88-92614-54-3

Título original: *Il gatto e i fiori di Bach. Manuale di floriterapia per i compagni umani*
Traducción: Rosaria Mazza rosariamazza@virgilio.it

1^ edición junio 2016
Proyecto gráfico de la portada: Pia Caruso pia.caruso@aionmedia.it
Para contactar al autor: erewhonians@mail.com

Las informaciones contenidas en este libro tienen valor informativo, e no quieren sustituir la opinión profesional del médico veterinario. La utilización de cualquier información aquí reportada es a discreción del lector.

*A Barabba, Cotto, Cesarino,
Aisha, Ronny y Orsetto.*

*A los niños afortunados
con un gato encima de la cama.*

ÍNDICE

INTRODUCCIÓN 7

TRES ADVERTENCIAS 10

CAPÍTULO 1: LAS 38 FLORES DE BACH 13

1. AGRIMONY 14
2. ASPEN 16
3. BEECH 18
4. CENTAURY 20
5. CERATO 22
6. CHERRY PLUM 24
7. CHESTNUT BUD 26
8. CHICORY 28
9. CLEMATIS 30
10. CRAB APPLE 32
11. ELM 35
12. GENTIAN 37
13. GORSE 39
14. HEATHER 41
15. HOLLY 43
16. HONEYSUCKLE 45
17. HORNBEAM 47
18. IMPATIENS 49
19. LARCH 51
20. MIMULUS 53
21. MUSTARD 55
22. OAK 57
23. OLIVE 59
24. PINE 60

25. RED CHESTNUT 61

26. ROCK ROSE..63

27. ROCK WATER 65

28. SCLERANTHUS 67

29. STAR OF BETHLEHEM 69

30. SWEET CHESTNUT 71

31. VERVAIN..72

32. VINE 74

33. WALNUT..76

34. WATER VIOLET 78

35. WHITE CHESTNUT 80

36. WILD OAT..82

37. WILD ROSE 84

38. WILLOW 86

RESCUE REMEDY..88

CAPÍTULO 2: PRUEBA..................................**90**

CAPÍTULO 3: EL REPERTORIO........................**97**

3.1 USO DE LOS REPERTORIOS 98

3.2 REPERTORIO COMPORTAMENTAL 100

3.3 REPERTORIO FÍSICO 105

3.4 PEQUEÑO REPERTORIO PARA LOS COMPAÑEROS HUMANOS 116

CAPITOLO 4: COSA Y COMO **120**

4.1 FRECUENCIA DE LAS TOMAS 121

4.2 FORMA DE ADMINISTRACIÓN....................122

POR BOCA *122*

APLICACIÓN LOCALIZADA *124*

4.3 TIEMPOS..126

4.4 ¿FUNZIONAN? 127

VEN, BELLEZA..**129**

INTRODUCCIÓN

Volvéis a casa cansados al final de una jornada de trabajo. También vuestro vecino. Le saludáis con un movimineto de cabeza. Un giro de llave en la cerradura y estáis en casa: "He regresado!". Nada.

Vislumbráis por la ventana el labrador del vecino que saltando fuera de la puerta está dedicado a la escena festiva habitual, lamiendo y meneando la cola.

De la habitación en el fondo llega *ése*. Os mira come si fuéseis la cosa más aburrida del día, bosteza y mientras se estira. Intentáis: "Paco!".

Vosotros estáis a la derecha, el comedero a la izquierda. *Ése* va a la izquierda, se para allí, delante y espera. De vez en cuando se vuelve a vosotros: qué aburrimiento. Espera.

El ruido que viene del sendero os distrae. Es el vecino todavía asediado por su perro, treinta kilos de amor puro babeante e incondicional, que no se convence por la felicidad de la vuelta. Les miráis largamente acaraciando la barbilla.

De repente, algo se mueve abajo de vosotros. Una cabeza, un oído, un hocico afectuoso rozan vuestras piernas, una cola se levanta rodeando al ternero, en una apoteosis de ronroneo. No estáis más aburrido: de repente sois el Ser Más Luminoso e Importante de la Tierra. Como se puede vivir sin vosotros?

Un sentimiento de profunda injusticia os crece por dentro. Pero es sólo un momento. Sonréis: "Sì, Paco, ven a comer."

El vecino no puede saberlo, pero vosotros sì y *ése* todavía más:

Que un gato es auténtico, no alcanzable y desmesurado.

Y que mejora el muro del jardín cuando el sol brilla y el corazón cuando hace mal tiempo.

Y que no hay otro animal en este planeta que pueda hacer lo mismo.

Nosotros tratamos de sostener su mirada, pero es imposible. Adelantarlo. Adivinarlo. Educarlo. Conquistarlo. Todo es imposibile.

Y os gustaría todavía un manual que os diga como usar las flores de Bach con gatos, perros, iguanas y pajaritos?

«Otra vez, debo recordaros:
un perro es un perro,
un gato es un gato.»

T.S. Eliot

Ése no os lo perdonería si compararáis sus ilimitadas emociones a los de una tortuga o de un cacatúa.

Por eso hablaremos sólo (así por decirlo) del gato. Del vuestro en particular. Buscando en la magia de la alquimia de las esencias floreales una solución al malestar que se manifiesta.

Pero con precaución. Porque come sólo quien está poseído por el gato bien sabe, sus celos indomables, su ego inconmensurable, sus regalos no-más-vivos, sus rufianerias desvergonzadas nos gustan mucho, y no los consideramos nunca como defectos para corregir.

A quien objeta, quizás vuestro vecino, contestaremos por Mark Twain: «*Una casa sin un gato, bien alimentado, bien cuidado, bien reverenciado gato, puede ser una casa perfecta, pero ¿cómo puede llegar a demostrarlo?*».

TRES ADVERTENCIAS

Las flores de Bach son ahora tan famosas que no necesitan ninguna presentación, y hay un sin número de posibilidades para profundizar en su conocimiento. Aquí vamos a decir solamente que se preparan esencias de las flores con un proceso que extrae y conserva la "nota emocional", y que esta nota transmite una amplia expresión simbólica que permite utilizarlas incluso más allá del mero mundo emocional (donde dan lo mejor de sí mismos), sino para el curpo también.

Debe tenerse en cuenta que, a pesar de una intensa investigación, el uso de la terapia floral en el tratamiento de dolencias físicas sigue siendo un ámbito experimental.

Por lo tanto, la primera y más obvia advertencia es que siempre se debe consultar al veterinario para el diagnóstico y tratamiento de las enfermedades de vuestro gato. Cuanto más grave sea la enfermedad, más listo e indispensable debe ser recurrir a la atención médica.

La segunda es que aunque las flores de Bach son un instrumento formidable del bienestar, en muchos casos de dolencias físicas puede ser útil complementar con otros remedios de la tradición naturopática, a menudo más rápidos y más específicos para la acción, y con eficiencias bien documentada. Un experto naturópata podría sugerir el tratamiento mejor, apoyando la terapia establecido por el veterinario. Incluso un buen veterinario holístico cumplirá el propósito.

La tercera advertencia se relaciona a los problemas emocionales del gato, que se traducen en las desarmonias del comportamiento (y, posiblemente, se refleja en las del físico) que conllevan a leer este libro.

Hay una regla de oro para referirse cuando uno se pregunta acerca de la causa del malestar emocional de vuestro gato: *la mayor parte de sus comportamientos problemáticos dependen de... vosotros.* O de otros compañeros humanos. O, con menor frecuencia, de sus cogatos u otros animales compañeros de vida.

Usáis las flores de Bach por lo tanto, y lleváis de nuevo a vuestro gato a equilibrio. A continuación, para evitar que todo sea como antes, os preguntáis:

- "¿Le estoy descuidando?"
- "¿Estoy todo el día fuera de casa y se siente solo?"
- "¿Le estoy regañando demasiado?"
- "¿Le estoy dejando un espacio adecuado para sus necesidades?"
- "¿ Le estoy mimando?"
- "¿Le estoy respetando, recordando que él es sólo un gato que hace su trabajo de gato?"

Profundizamos aún más estas cuestiones. Mientras tanto, no culpar a sí mismos más de lo debido. Tal vez habéis cambiado de ubicación simplemente su tazón de agua, y él se ha vuelto loco. ¡Ponlo de nuevo en su lugar!

Capítulo 1:   LAS 38 FLORES DE BACH

1. AGRIMONY

Elizabeth Lemarchand

Es el gato apacible y tierno, muy sociable y juguetón.

Siempre de buen humor, su vida es una fiesta y nunca encuentra una razón para gruñir, soplar o inflar la cola. Con otros gatos es gentil, amable y con frecuencia dispuestos a renunciar a algo para mantenerlos felices.

No sólo no busca camorra, pero parece ponerse en ansia por las peleas: se pone de lado y espera que sean terminadas. En resumen, hace todo para ser agradable, no sólo para vosotros, sino para todos los que acogéis.

Pero ... Pero de vez en cuando, quizás una vez al año, vuestro gato *Agrimony* está triste. Tal vez ni siquiera sabe por qué, y ciertamente no lo sabéis vosotros.

Pero si pasa verlo en cuclillas en un rincón con una expresión inusualmente seria en su cara, éste es el momento en el que tenéis que abrazarlo y mimarlo mucho. Porque él nunca tiene malos pensamientos, pero cuando los tiene no sabe cómo manejarlos.

No hay que subestimar su naturaleza delicada; existe, aunque se la esconde casi todo el tiempo. La literatura reporta casos de gatos *Agrimony* con heridas dolorosas, pero sin quejarse.

Por lo tanto, si tenéis razones para sospechar que vuestro felino se manifiesta más alegre de lo que es realmente, o que esconda un sufrimiento físico, siempre es una buena razón para suministrar la esencia.

Vamos a utilizar *Agrimony* incluso en situaciones en las que hay una molestia repetida, continua, incesante, que el gato vive con extrema incomodidad. Por ejemplo, en los casos de un picor muy insistente, un dolor aunque no intenso pero obstinado, etc.

2. ASPEN

«La ciudad de los gatos y la ciudad de los hombres esiste una dentro de otra, pero no son la misma ciudad.»

Italo Calvino

Si el gato sensitivo y "paranormal" de los libros de terror realmente existe, sólo puede ser *Aspen*.

Tal vez ni entra ni sale de las dimensiones paralelas y no tiene contactos con los espíritus (tal vez sí), pero *Aspen* tiene, sin duda, algo diferente. Es uno de esos gatos que miras y te parece que esconda un mundo, una especie de conciencia profunda... que te hace sospechar que *él sabe*.

Vuestro gato está tumbado en un sillón sobre de vosotros. Todo parece ir sobre ruedas.

Es un día hermoso y os deja ver el partido de fútbol en la televisión. De repente, con sus orejas hacia atrás, comienza a girar a la izquierda y la derecha, se agacha y clava sus uñas en vuestros muslos para tener una base más sólida. Ha percibido algo. Vosotros percibís sólo el dolor.

En resumen, *Aspen* tiene el privilegio de estar en contacto con los mundos hipersensibles, sin embargo, es un arma de doble filo, ya que vuestro gato se queda con un sistema nervioso sensible por muchos estímulos diferentes, a menudo invisibles o mal entendidos por sus compañeros humanos.

Así que podemos estar frente a un gato que tiene miedo. ¿Qué tipo de miedo? Una angustia, un miedo indefinible, que no podéis conectar a algo específico (no tiene miedo del agua, por ejemplo).

Podemos reconocer a este tipo de gato porque bastante a menudo le encontramos que se agacha inquieto, como si estuviera ansioso de alerta, sin ninguna razón visible.

¿Que hacer entonces? Tantos mimos para tranquilizarle. Y darsele *Aspen*!

En el tratamiento, *Aspen* se asocia cada vez cuando otros remedios para el miedo no llegan al efecto deseado.

Flores para comparar: *Mimulus, Rock Rose*

3. BEECH

« *Los gatos han interceptado mis pasos*
en los tobillos durante tanto tiempo
que mi marcha, tanto en casa como fuera,
ha sido comparada con la de un hombre que
está andando en el agua, sin pasar por las ondas de baja.»

Roy Blount Junior

La buena noticia es que os quiere mucho.

La mala es que os encuentra francamente insoportable. ¿Cómo decir? ¡No os tolera!

No sólo a vosotros. *Beech* es intolerante por naturaleza, se molesta por nada y, de hecho, no le queda nada bien.

Si encima del sofá está él, vosotros no podéis estar allí. Si os sentáis porque está libre, le veis de inmediato fruncir el ceño y tal vez conseguir, con un rugido inconfundible, de manifestar su descontento.

La comida suprema preparada "propio para él", o pacientemente cocida para Su Majestad con las manos vuestras, la prueba apenas (gruñiendo) y luego la rechaza desdeñosamente.

Los mimos le gustan, pero no intentáis deslizar sus dedos allí, en ese punto, donde él simplemente no puede tolerar que le toquen, u os arrepentiráis de vuestra ligereza.

Un *Beech* puede poner en tensión vuestra paciencia, porque parece que todo lo que hagáis, le irrita, incluso lo que hacéis para que esté mejor: o hace demasiado calor o demasiado frío, o hay demasiada luz ...

Para completar, es también un poco despechado en contra de vosotros y los ademas gatos.

Muchos gatos *Beech* expresan su propia decepción por vocalizaciones frecuentes y fastidiados, y ésto nos permite desenmascararles mucho antes de otros tipos florales.

El lado positivo de esta situación desafortunada es que el esfuerzo constante para que le perturbe lo menos posible os servirá de gimnasio para aprender a caminar de puntillas incluso con vuestros compañeros humanos, y construir relaciones más armónicas.

En el tratamiento, *Beech* será útil para suavizar por lo menos los excesos de estas asperezas carácteriales. Además, vamos a utilizarlo en las intolerancias alimentarias, alergias y en todas las formas en las que dominan irritaciones y enrojecimientos molestos, con prurito, etc.

Flores para confrontar: *Holly, Vervain*

4. CENTAURY

*«De todas las criaturas de Dios sólo hay una que
no se puede esclavizar con el látigo. Esa es el gato.»*

Mark Twain

Vuestro gato *Centaury* no dice nunca no.

No sólo no gruñe si intentáis sacarlo de vuestras zapatillas, sino se va sin vacilar y al contrario, si logra reconocer el momento del día que las queréis, hará de manera de levantarse automáticamente diez segundos antes, feliz por haberlas calentadas para vosotros ...

Decir que es un poco servil es cierto, pero no debéis ser injustos con vuestro *Centaury*: él sólo quiere haceros felices. Vuestra alegría es su alegría, y su lista docilidad disponible hace este gato, junto con *Agrimony*, el gato más perro (perro sí, pero el más bueno) en todo el repertorio floral. Si pudiera, menaría la cola.

No tan solo con vosotros. Todos los componentes, animales y humanos, de la familia se beneficiarán de su generosa y afectuosa naturaleza, y de hecho una clara señal para reconocer la naturaleza de *Centaury* de vuestro gato será propio su disponibilidad para otros gatos. Si espontáneamente abandone su cama por la llegada de otro gato, o incluso si está feliz de comer las migajas que dejan los demás, entonces no tenéis la más mínima duda.

¿Cuál es el problema entonces? Que a veces esta disponibilidad se hace excesiva, y sobre todo si en casa tenéis otros animales con un carácter dominante (*Vine* por encima de todos) el pequeño riesga de vivir en una situación súcuba emocionalmente pesada.

Entonces le ayudaremos con la esencia para establecer los límites más sólidos respecto a los otros y para hacer valer sus propias razones.

La debilidad intrinseca de *Centaury* sugiere el uso de la esencia, físicamente, cuando hay una parte debilitada del cuerpo, para reforzarla.

Flores para confrontar: *Cerato, Red Chestnut*

5. CERATO

*«Un gatito con una inteligencia media hace muchas
más preguntas que un niño de cinco años.»*

Carl Van Vechten

Cerato es una flor relacionada con el desarrollo del juicio, y es muy difícil - para nosotros seres humanos - de rastrear las señales en un gato..

Muchas veces el gato *Cerato* manifiesta características de comportamiento muy parecidas a las que del *Centaury*.

De hechos ambos suelen dejar en manos de otros. Ambos no imponen sí mismos y sus propios deseos. Ambos prefieren alinearse con las necesidades y las opciones de la parte dominante.

La diferencia es que mientras *Centaury* está realmente dependiente del Otro, humano y no humano, *Cerato* simplemente no sabe lo que quiere, ni cómo lograrlo.

Centaury da paso en un sillón al gato enojado por una especie de miedo reverencial. *Cerato* lo concede porque piensa que quizás sea justo de esta manera.

Como se ve, en la práctica, el límite es a menudo demasiado sutil para hacer distinciones, aunque *Cerato* aparece a menudo dudoso, mientras *Centaury* no.

Por otra parte, *Cerato* suele imitar el comportamiento de los otros gatos (y si no hay ningún podría imitar a vosotros) y es raro que emprenda algo nuevo.

En muchos casos conviene – en ausencia de discernimiento de un terapeuta experto – suministar ambas las esencias.

Flores para confrontar: *Centaury, Wild Oat*

6. CHERRY PLUM

*«Los gatos tienen una absoluta honestidad emocional;
los seres humanos, por una razón u otra, pueden
ocultar sus sentimientos, pero el gato, no. »*

Ernest Hemingway

Más que una personalidad, *Cherry Plum* es un rasgo de carácter.

El gato *Cherry Plum* se distingue por una cosa: para él es difícil mantener el control.

Explicamos por un ejemplo. Un gato puede tener una personalidad francamente enojada, el gato *Holly* por ejemplo, pero si a las previsibles manifestaciones de ira se añade la pérdida evidente de control, entonces tenemos un gato *Holly/Cherry Plum*.

La diferencia es la que existe entre un gato que sopla y gruñe si accidentalmente le tocáis la cola y otro que, en la misma condición, os salta a la garganta...

Por su acción tan amplia, *Cherry Plum* se asume por lo general en combinación con otras flores más específicas.

La esencia, entonces, nos ayudará en todas las condiciones en las que la falta del control es el núcleo del problema o un elemento importante, como por ejemplo, la coacción en el comportamiento (incluyendo tics nerviosos o lamidas infinitas) y en unas incontinencias del gato anciano.

7. CHESTNUT BUD

Anonimo

Si los gatos estuvieron dispuestos a ser adiestrados como perros, pronto individuaríamos el tipo *Chestnut Bud*. De hecho, esta flor está relacionada con el aprendizaje, y los animales que expresan su energía a menudo tienen dificultades para aprender.

Pero ya que nos ocupamos de los gatos es, por supuesto, todo mucho más difícil. ¿No es por eso que les queremos tanto?

Por lo tanto, reconoceremos a nuestro *Chestnut Bud* en primer lugar porque siempre repite los mismos errores.

Por ejemplo supongamos que hayáis observado que vuestro gato va a hacer sus necesidades en la arena de una manera particolar, por lo que mientras él se acomoda en la bandeja, sus "cosas" terminan inexorablemente por fuera.

¿Qué os esperaríais de un cualquier inteligentísimo gato? ¡Qué después de varias veces él adapte su postura para que haga sus cosas en el lugar justo!

¿Qué os podéis esperar de un cualquier inteligentísimo gato *Chestnut Bud*? ¡Qué persista en su costumbra mala hasta al final de sus días! No es un despecho, no es desinterés: es un mal aprendizaje.

Otro ejemplo podéis notarlo si tenéis uno de los tantos gatos muy selectivos y cuidadosos por los nuevos alimentos. Imaginamos que hoy excepcionalmente está convencido de probar la comida que con mucha fatiga (y tanto dinero por ingredientes de calidad estelar) habéis preparado para él. Descubre que le gusta.

Si la semana siguiente se la reproponéis, es como si no la hubiera visto antes, puede ser un marco *Chestnut Bud*.

Más en general, merece probar esta flor cuando los gatos manifestan comportamientos equivocados con reiteración, porque ayudando a reprocesar la experiencia puede producir cambios sorprendentes. Físicamente, la esencia es muy útil en todos los casos de trastornos crónicos.

Flores para confrontar: *Cerato*

8. CHICORY

> *«Si un gato decide os adoptar*
> *no hay nada que hacer*
> *si no os adaptar a la situación*
> *y esperar hasta que el viento cambia.»*
>
> T.S. Eliot

Ley fundamental: vosotros pertenecéis a vuestro gato.

Corolario: no tendráis otro gato fuera de Él.

Chicory es el gato más posesivo del zodiaco floral. Él hace todo lo posible para que os sientáis cómodos, para que os sientáis queridos y protegidos. Nunca os deja solos: se revuelve, se enrolla, se desliza entre vuestras piernas, ronroneando inconmensurablemente, os espera animando detrás de la puerta de entrada, si necesario os lame, ¡cómo un perro!

Pero no intentáis olvidarle: la pagaréis con amargura.

Porque vuestro *Chicory*, sabéis, de verdad vive un amor desmesurado para vosotros.

Pero espera que el vuestro no sea tampoco un centigramo inferior que el suyo.

Por lo tanto, el saldo de la compensación entre mimos felinos y los humanos debe estar siempre en buen equilibrio, y, posiblemente, ligeramente inclinado a su favor. Si le habéis prometito (y si habéis tenido la desafortunada idea hacerlo por tres días en seguida, porque es una promesa eterna) la comida extra de las tres de la tarde, no podéis daros un paso atrás. Si vosotros tenéis el hábito de cepillarle largamente con su gran deleite, ¡no pensáis hacerlo una vez de toda prisa porque llegaríais tarde a una cita!

Él da mucho, y espera mucho, o mucho más.

En vuestra frente ostenta un escrito para vosotros invisible que dice: "Propiedad privada". ¡ Aceptadlo!

En el tratamiento, *Chicory* corregirá los excesos de posesividad y (junto con *Holly*) celos de nuestros amigos. Será de gran utilidad en caso de congestión y retención de líquidos, y enfermedades ginecológicas de vuestras gatas.

Flores para confrontar: *Holly, Heather*

9. CLEMATIS

«Estoy listo como un gato cuando roba la leche.»

William Shakespeare, Enrico IV

En una historia del tebeo italiano de Dylan Dog[1] se investiga sobre un gato que de repente pasaba todo el día mirando el intersticio entre el refrigerador y la pared. ¿Qué se ocultaba en esa hendidura? Nada.

He aquí, el retrato del gato *Clematis* sería precisamente eso: un gato perdido en su propio mundo, que pasa su tiempo soñando despierto, inmerso en una realidad para nosotros impenetrable e indescifrable. Alguien podría decir entonces que *Clematis* es EL gato por definición. Pero reflexionando es todo lo contrario: el típico estilo aristocrático de este animal (que encontraréis en el retrato de *Water Violet*) no corresponde con un alejamiento, sino por el contrario se expresa en una conciencia más clara. El gato es *aquí y ahora*, inmerso en un momento específico en el que tal vez se ve mucho más y más otro de nosotros; pero siempre se habla del presente.

---

[1] *La cosa misteriosa che vive dietro il frigorifero*, en julio de 1992, Sergio Bonelli Editore

¿Por lo tanto no existe un gato *Clematis*? ¡Claro qué existe!

Si vuestro gato muestra un cualquier porcentaje de lejanía injustificada del mundo circustante, es un signo inequívoco de *Clematis*. Por ejemplo hay gatos que precisamente se quedan encantados a lo largo fijando a un punto; es un fenómeno *Clematis* si entendemos que en relidad el gato está como embrujado, sumamente absorto, hasta que no es suficiente pasarle cerca para disuadirle, sino tal vez necesita producir un poco de ruido o tocarlo para traerle de vuelta a la realidad.

Otra manifestación típica es el gato descuidado, con un bajo índice de atención. Cuando juega, choca con todos los lados. Cuando salta en un mueble, calibrado más o menos la distancia y cae al suelo (ojo a *Chestnut Bud)*.

Transitoriamente, *Clematis* es una ayuda grande para los gatos que viven momentos de desconexión de la realidad circundante: convulsiones, coma, somnolencia excesiva, pero también solamente una pasividad anormal que es similar al aburrimiento (flores diferenciales: *Hornbeam, Wild Rose*). También se utiliza en todos aquellos casos en los que una función o una parte del cuerpo parece haber "renunciado": las articulaciones que parecen "como muertas", organos que ya no funcionan adecuadamente…

Flores para confrontar: *Water Violet, Wild Rose*

10. CRAB APPLE

*«La limpieza en el mundo del gato es una virtud
que nada menos se prefiere a la devoción.»*

Carl Van Vechten

Crab Apple es la flor de la pureza, del deseo de incontaminado, ordenado, limpio.

Pues no hay gato que no sea un poco *Crab Apple*. El más melindroso de los cuadrúpedos pasará largos minutos para mover con la pata una inexistente arena del suelo de casa o de las baldosas del patio para recubrir un minúsculo fragmento que – para vosotros – podría ser calquira cosa.

¡Seamos realistas! El hecho que el gato es un animal así limpio es uno de los motivos por lo que le quieren mucho.

Desde este punto de equilibrio entre orden y limpieza se ramifican dos retratos alternativos, que van hacia direcciones opuestas, y que beneficiarán ambos de la asunción de la esencia.

Uno es el del gato no melindroso y limpio, sino ipermelindroso y supermaníaco. Para entendernos, el que puede pasar veinte minutos en un rincón del jardín (o en su bandeja) para despechar un largo rito, a mí y a vosotros totalmente incomprensible pero para él ciertamente dotado de profunda lógica. Examina, olfatea, se dobla, se levanta, se plantea, cambia de opinión, se vuelve, salta sobre sí mismo porque detecta *algo* en la arena, vuelve a plantear, vuelve a cambiar opinión, vuelve a olfatear... Luego hace lo que tiene que hacer, a menudo en posiciones inverosímiles, y vaya con otro interminable ritual post-necesidad.

Este *Crab Apple* es un poco obsesivo. Una variante suya es el gato así melindroso que hace sus necesidades donde no debe para no estar en contacto con las cosas "sucias" en el lugar donde debería...

En el otro extremo hay un total descuidado, el gato que resolvió su obsesión por la limpieza ... descuidandola por completo. Para él no hay ningún rincón del jardín o caja higénica. Sólo existe el aquí y ahora, en el sentido del lugar equivocado en el momento equivocado. Indiferente a las reglas de la vida civil y a la cristalina reputación de la especie, no hay forma que haga sus cosas en el lugar correcto.

A este *Crab Apple*, que es a menudo un poco distraído (y por lo tanto va a sacar provecho cuando se toma junto el *Clematis* y tal vez la *Chestnut Bud*), la terapia floral le dará un poco de responsabilidad y sentido urbano. O por lo menos es lo que se espera.

En el tratamiento, la esencia es excelente en todas las situaciones en las que necesita purificar el cuerpo, desde el interior o el exterior de una zona específica: infecciones, eczema, enrojecimiento, parásitos, etc.

11. ELM

> *«¿Veis a esa gatita persiguiéndose*
> *tan hermosamente la cola?*
> *Si miraseis a través de sus ojos, a lo mejor veríais*
> *que está rodeada de cientos de figuras*
> *ejecutando complejos dramas,*
> *con temas trágicos y cómicos, largas conversaciones,*
> *una multitud de personajes, muchos altibajos del destino.»*

Ralph Waldo Emerson

Elm es el antítesis del gato de casa (o de jardín).

De hecho, es una flor que tiene que ver con el "surmenage" como consecuencia de un exceso de responsabilidad.

Vosotros podréis decir: ¿qué tipo de responsabilidad nunca puede tener una mascota? Pues, a muchos de nuestros perros les pedimos la luna, e incluso hámsteres y tortugas tienen su carga de trabajo hecho de paseos por la rueda y trepando a los islotes con palmeras de plástico (¡qué tristeza!).

Pero a nuestros gatos no les estamos pidiendo absolutamente nada. No es sólo porque les respetamos demasiado. Cuántos de vosotros habéis recibido una humillación de vuestro gato tratando que se acostumbre a la traílla saben lo que quiero decir...

Una excepción puede ser si habéis reprochado a vuestro gato con demasiada energía y demasiado a menudo por unos comportamientos que no os gustan. Por ejemplo, si le habéis regañado malamente porque se hacía la patacura en la alfombra de la sala, hoy, mañana, pasado mañana, y por un poco de tiempo, él podría sentirse un poco desmoralizados y se consignará en una condición *Elm*.

¡Pero no tengáis miedo! "ser responsabile" no es la prioridad felina, ni son sus apoyos emocionales, el fallo (*Pine*) y el sentido del deber (*Oak*). El gato nunca se desborda.

Por lo tanto no es una flor al que recurrir a menudo.

Elm en cambio, resulta muy útil cuando este desbordamiento se manifiesta en el plano físico: es sobre todo el caso de dolores muy intensos, por los que vuestro gato está visiblemente angustiado.

Flores para confrontar: *Oak, Olive*

12. GENTIAN

> *" Él no ha añadido nada? "*
> *"Sólo me pidió, saliendo de mi despacho,*
> *si ella había cuidado el gato ".*
> *"¿Y qué te dijo?"*
> *"Que ella tiene otras cosas que hacer."*
> *Y Maigret, eso, no se lo habría perdonado nunca.*

> Georges Simenon

La característica principal de *Gentian* es su aptitud de rinuncia.

El gato *Gentian* es el gato que "deja estar".

Al igual que muchas otras flores, la diferencia entre *Gentian* como rasgo del caracter y *Gentian* como la falta de armonía es una cuestión de medida.

No hay nada malo si vuestro gato *Gentian* no es de los que "quise, siempre quise, fuertemente quise".

No importa si es sólo un intento de atrapar la mosca o persigir una mariposa y renuncia inmediatamente. No hace nada si os pidiera algo (alimento, mimos) y después de un tímido intento de petición inútil se vaya en silencio.

Y no hay nada de terrible si al jugar con vosotros o con sus cogatos no es propiamente competitivo.

Lo importante es que ahora que ya sabéis otro nombre suyo, *Gentian*, le reserváis una mayor atención, para os asegurar que su estilo derrotista sólo manifeste su naturaleza espontánea y no amargura o frustración.

En el tratamiento, *Gentian* útilmente se asocia a otras esencias (por ejemplo *Beech*) en el caso de mal humor persistentes, y es una de las flores usadas para restaurar la fuerza y energía a partes del cuerpo debilitado o extinguido.

Flores para confrontar: *Hornbeam, Wild Rose, Mustard*

13. GORSE

«Rara vez se ve un gato con un aire de derrota.
Ellos no tienen conciencia o arrepentimiento.»

Barbara Webster

Ningún gato debe estar en un estado *Gorse*. Nunca.

En primer lugar porque no pertenece a su alma vivirlo. En segundo lugar porque es muy injusto (como lo es para un niño).

Gorse simboliza la *rendición*, el abandono de cada esperanza, de cualquier horizonte. Es un poco como *Gentian*, pero donde lo que representa a una molestia temporal y limitada, *Gorse* es una situación extrema, casi final, donde no hay nada más que hacer porque se siente que no se puede hacer nada.

Es el caso, lo entendéis, especialmente de las enfermedades graves y terminales.

Afortunadamente, mi experiencia y la vuestra enseñan que el gato no se rinde. Vive con extraordinaria dignidad las pruebas más difíciles, no le gusta quejarse y también forzado en situaciones muy difíciles (por ejemplo, la inmovilidad) es todavía capaz de mostrar toda su alegría cuando le acariciáis...

No es raro que la condición verdadera *Gorse* la pase los compañeros humanos, en lugar de sus gatos, cuando se enfrentan - en el veterinario – a un diagnóstico implacable que no deja ninguna salida. Eso es correcto y normal. Entonces muchos recurren a la eutanasia, para no prolongar lo que aparece sólo una inútil agonía.

Yo les diría: sin el perjuicio de la dulzura y el inmenso amor implícitos en esta elección (que es bienvenido y de hecho sacrosanta cuando el gato sufre mucho y no hay nada que hacer), tomáis un momento para pensar. No es muy poco frecuente que aplastados por la situación del gato alguien tome una decisión apresurada.

Una vez un veterinario me dijo: "Si el perro es el hombre, el gato es Superman". Esto es malditamente real, y ocurre más de una vez que los gatos extraordinariamente recuperan y "milagrosamente" de situaciones imposibles.

Por lo tanto, pensáis un momento. Y tomáis *Gorse*.

Flores para confrontar: *Sweet Chestnut*

14. HEATHER

*«Cada gato siempre consigue ser
la mujer más atractiva de la habitación.»*

E.V. Lucas

En nuestro lenguaje floral hablaremos de *Heather* de femenino, como se hace en homeopatía cuando se trata de Platina, que es el equivalente de la flor.

Así vamos a decir pronto que vuestra gata *Heather* es principalmente centrada en sí misma.

El ombligo del mundo, de hecho, existe, y precisamente está en las coordenadas de vuestra *Heather*. Confiada, invasiva, protagonista, siempre presente, *Heather* es el foco o no lo es.

Hay al menos otra gata en el centro de la escena, la *Chicory*, y no siempre es fácil de distinguir. Pero mientras *Chicory* pone en el centro del universo su propiedad, es decir vosotros, *Heather* centra sólo en sí misma, y hace todo lo posible para aparecer ante los demás.

Por lo tanto, no os sorprenda si vais a asistir a auténticas rarezas, a espectaculos felinos inusuales casi como fenómenos circenses: las contorsiones de la gata, arqueandose cómicamente, también camina sobre dos patas o hace vuelos tan espectaculares como imposibles. Tiene una necesidad vital para ser ella y sólo ella, y está dispuesta a hacer cualquier cosa para lograrlo. Por lo que cualquier intento de diferenciarse es bienvenido.

Todo esto se lleva a cabo sólo cuando hay un público, y con un poco de teatralidad histriónica que es la marca de fábrica de *Heather* y ayuda, pero no siempre, para diferenciarlo de otros gatos un poco arrogantes como *Chicory* y *Vervain*: si vuestra gata aburrida hace algo diferente para mostrarse, añadis un punto a *Heather*.

Es probablemente la gata meno capaz de soportar la soledad. Si en vuestro regreso a casa después de una ausencia más larga de lo habitual, no le encuentráis triste y demolida (*Honeysuckle*), pero gruñando y soplando entonces la flor es para ti.

En el tratamiento, como se verá más adelante en el Repertorio, *Heather* se combina sinérgicamente con otras esencias para hacer frente a ciertos comportamientos un poco histéricos y rencorosos de nuestros protegidos.

Flores para confrontar: *Chicory, Vervain*

15. HOLLY

> «*La ira de un gato es una maravilla,*
> *quema por pura llama felina,*
> *los pelos de punta y chispas relucientes de azul:*
> *los ojos brillantes lanzando rayos.*»
>
> William S. Burroughs

Es imposible no reconocer al gato *Holly*.

Se enojaba fácilmente. No sólo se irrita (como *Beech*), que no, ¡él se enoja realmente! Y no la soporta. La desproporción entre la ofensa (o supuesta) recibida y la reacción es flagrante. *Holly* pierde la cabeza y os rasca o os muerde, o os salta encima, o se alinea contra la pared soplando.

No hay solución.

Además, es terriblemente celoso. No porque sea tan posesivo como *Chicory*, para él el problema no es a quien van vuestro afecto. El problema es: ¡¿cómo habéis podido pensar tener otro compañero?!

Realmente, no tiene el sentito de posesión. El hecho es que él se enfada y se vuelve loco.

También con otros gatos pierde la paciencia fácilmente y a menudo es agresivo.

Tratado con *Holly* (imperativamente ayudado por *Cherry Plum*), el gato se vuelve más maleable y menos cabreado. Es imperativo para dar la esencia (junto con *Chicory*) al gato de casa si vuestra familia de los felinos se amplia para evitar celos controvertidos.

En el tratamiento físico, *Holly* es una flor preciosa contra los dolores y las inflamaciónes.

Flores para confrontar: *Vine, Beech, Vervain, Willow*

16. HONEYSUCKLE

«Un gato se extiende
desde un extremo a otro
de mi infancia.»

Blaga Dimitrova

Honeysuckle es una de esas flores que existen para recordar que incluso los (otros) animales tienen una carga emocional, recuerdos, experiencias, memorias que pueden ser alegres o dolorosas.

Y donde hay memoria todavía puede estar la melancolía, nostalgia, añoranza, sufrimiento.

No tenemos derecho a pensar que nuestro gato es diferente de nosotros en esto, y debemos tenerlo en cuenta.

Honeysuckle nos ayuda a hacerlo. Todas las veces que tenemos razones para sospechar que el gato que está delante de nosotros tiene una pasada historia "pesada", es un buen momento para tomar la esencia.

Por supuesto, una historia pesada es, sin duda, la historia de abandono, abuso, tiempos muy difíciles pasados en la falta de alimentos, agua y sobre todo de cariño. Pero pesada también puede ser el dulce recuerdo de un cuidado anterior y un tierno compañero humano, que por alguna razón (transferencia, muerte) ya no podía cuidarle, y ahora vive en una memoria que también puede ser dolorosa.

En estos casos se debe dar *Honeysuckle* por un largo tiempo, durante varios meses, y será una excelente idea añadir también *Star of Bethlehem*, flor para traumas dolorosos.

Si vuestro gato "no tiene pasado", ya que siempre ha estado con vosotros o tiene pocos años de vida, vamos a utilizar *Honeysuckle* en combinación con *Clematis* si le vemos lejano y a menudo perdido en su propio mundo. ¡Ambas esencias ayudan a volver a la tierra!

La nostalgia también puede ser actual: vuestro gato *Honeysuckle* pasa todo el día delante de la ventana esperando vuestro regreso. Dadle la flor.

17. HORNBEAM

*« Estaba claro desde el principio
que cada vez que había un trabajo que hacer, era imposible
encontrar al gato.»*

George Orwell

El gato *Hornbeam* es constitucionalmente raro. Sin embargo no pocos gatos desarrollan un caracter *Hornbeam* en el tiempo, y por lo tanto la esencia merece atención.

¿Recordáis cuádo era sólo un gatito?

Simplemente él saltaba por todos los lados, persiguiendo bolas y cintas de oro, rodando sobre sí mismo, subiendo en muebles y sofás, probando (con éxito) saltos imposibles, trepando sobre a vosotros en un resplandor de fundido, con pasión contendiendo la comida con sus hermanos.

Ahora, mirando hacia arriba desde esta página y él está ahí, enroscado sobre un cojín gratificandose por un rayo de sol que entra por la ventana. Al llevar a comer no se puede decir que va de prisa. Y a veces os parece que gane tiempo ni siquiera para ir a hacer sus necesidades o para llegar a la taza para beber un poco de agua.

Especialmente por la mañana, os da la impresión que si fuera por él nunca se levantaría, como se esperese no un día lleno de comodidades plácidas y mimos gratuitas, sino EL VUESTRO, hecho de trabajo, estrés, reuniones, discusiones, tráfico, comidas a toda prisa, ganar dinero para comprar SU comida y toda la constelación de las molestias de las cuales nosotros animales humanos nos llenamos el tiempo.

No es apatía la suya (*Wild Rose*), es como una flojera crónica.

Obviamente esta situación no se debe confundir con la desaceleración general en el típico gato anciano, en el que la esencia todavía puede ser de apoyo.

En el tratamiento, *Hornbeam* también es útil en todas las situaciones de debilidad y debilitamiento.

Flores para confrontar: *Olive, Wild Rose*

18. IMPATIENS

*«La mayoría de los gatos querrían estar fuera
cada vez que está en casa y viceversa,
y a menudo quiere las dos cosas
simultáneamente.»*

Louis J. Camuti

Ninguna otra flor de Bach recoge tan bien en el nombre su utilidad.

Impatiens es el nombre y el manifiesto programático de esta planta y uno de los nombres comunes es, significativamente, "No me toques".

Y vuestro gato *Impatiens* es literalmente poco paciente.

Es como si un enjambre de moscas invisibles y hostiles le zumbara constantemente alrededor, y no pudiera encontrar la paz.

Rara vez sus quietitudes duran más de cinco minutos, e incluso cuando se está parado mucho tiempo en el mismo lugar, en todos modos no tiene la expresión de los gatos felizmente relajados de algunos calendarios ilustrados.

Ok, parece estar dormido, pero paráis observandole: abre los ojos, cierra los ojos, mueve la cabeza para sacudir un cuerpo extraño (invisible), mueve los bigotes, vuelve los oídos para captar los sonidos (inexistentes), mueve la cola. Ahora, por fin parece tranquilo. No: se rasca nerviosamente detrás de la oreja, tirandose hacia arriba, gira sobre sí mismo y vuelve a enrollarse en otro lado, y luego cambia de opinión y se reajusta como antes. Se levanta un momento para aplanar la cama con las patas, se baja, bosteza, cierra los ojos. Vuelve a abrirlos, se lame la pata ....

En la relación con vosotros se puede impacientarse, pero no realmente enojado (*Holly*) y no os hará daño (*Holly/Vine*). Es un bueno, que sufre un poco de inquietud demasiada nerviosa.

Conocedle y llevadle la corriente. Si le estáis preparando la comida y llaman al teléfono, tal vez pensáis antes al gato y sólo después contestar. Vuestro interlocutor sin duda os perdonará. Y vuestro *Impatiens* todavía os amará más.

Con esta esencia se trata muy bien el excesivo nerviosismo también pasajero. La flor también es ideal para combatir el dolor y la inflamación.

Flores para confrontar: *Beech, Vervain*

19. LARCH

«El gato tímido vuelve el ratón valiente.»

Refrán escocés

Larch es como un estado crónico que se produce en un momento determinado de la vida del gato y no un rasgo de la personalidad.

La flor, de hecho, transmite la emoción de la inseguridad, la emoción que ningún gato puede permitirse naturalmente, porque incompatibles con su naturaleza como un animal depredador carnívoro.

Por esta razón, es raro ver a los gatos en el medio natural con características *Larch*, es decir, con baja autoestima. Más frecuentemente se encuentran en el entorno doméstico.

Vuestro *Larch* a menudo tiene una conducta de evitación con respecto a las dificultades, pero no porque sea derrotista (*Gentian*): pensar en no ser capaz.

Para no equivocarse, *Larch* no actuará correctamente.

De eso podráis observar diferentes signos:

-   trata de evitar cualquier competición con los otros gatos

- si un salto también tiene una probabilidad mínima de falla, no lo intenta

- de vez en cuando se puede observar que os mire, tal vez se acerca un poco, le gustaría ser recogido, pero estás pensando en otra cosa y él se aleja en silencio

En la práctica, puede ser muy difícil distinguir *Larch* de otras esencias como *Gentian*, por lo que será conveniente utilizar una mezcla de muchos tipos.

Larch es útil, especialmente por vía tópica, también en el tratamiento de condiciones de debilidad localizada, por ejemplo en el caso de un gato que tiene por alguna razón poca fuerza en una pata.

Flores para confrontar: *Gentian*

20. MIMULUS

«Los gatos tienen personalidades disociadas.
Los gatos huyen asustados por un soplo de viento.
Los gatos van a lo largo de la línea entre la luz y la oscuridad.»

Vianne Rocher

¡Tiene miedo! ¿No lo entendéis?

¿Qué? Para una cosa específica, o más cosas.

Puede estar aterrorizado del agua, las escaleras, las sombras, el ruido de la aspiradora, las bocinas de los coches, los plumeros para quitar el polvo, los lagartos, las superficies metálicas, de los extraños.

¿Qué importa? ¡Dadle *Mimulus* y devolvedle un poco de tranquilidad!

Pero, sobre todo, ¡ayudadle! Renunciáis al loco propósito de bañarlo (sí, los gatos tranquillamente pueden renunciar), y no permitáis que los niños le atormenten persiguiendole un poco sádicamente blandiendo el batidor.

En verdad *Mimulus* se espanta por todo. Si puede, evitar cualquiera situación nueva o imprevista y siempre tiene sus escondites seguros por la casa donde esconderse. De hecho, le encontraréis en lugares más inesperados: bajo de las mantas de la cama, detrás de las maletas en el armario, camuflado entre los juguetes blandos en la habitación del bebé, debajo de los muebles más diversos.

Espantarse no es bueno para su salud, así que si veis que tiene miedo, tomad unos minutos para un abrazo tranquilizador.

El uso de esta flor es muy eficaz en las más diversas situaciones aterradoras, entre ellas visitas al veterinario (y sus desplazamientos en coche) y los fuegos artificiales de Año Nuevo.

Flores para confrontar: *Aspen, Rock Rose*

21. MUSTARD

Patricia Dale-Green

Y sì, también los gatos están tristes de vez en cuando. También el vuestro.

Aclaramos: están tristes mucho, mucho menos que vosotros e yo. Ellos, y vuestro gato en particular, no tienen muchas razónes para deprimirse. No tienen que pagar cuotas, buscar trabajo, mantener a los conjuntos, discutir con la pareja.

La aflicción máxima de vuestro gato es, por lo que sabemos, que hoy quería el bacalao y le habéis encajado una lata de veinte centavos comprada en un bajo supermecado.

Sin embargo, si os parece que está viviendo un momento más de baja que lo normal, si está poco dispuesto a hacer cualquier cosa (eso se asocia a *Wild Rose* y posiblemente *Hornbeam*), si no hace más todos los ronroneos como antes y si, en general, os parece absorto en pensamientos depresivos, dadle *Mustard*.

Siendo imposible en la práctica distinguir en él precisamente la emoción de la tristeza propiamente dicha, vamos a utilizar *Mustard* casi exclusivamente como una flor de apoyo a otras esencias florales relacionados.

Flores para confrontar: *Wild Rose, Honeysuckle, Hornbeam, Gentian.*

22. OAK

«Los gatos son los más brillantes que los perros.
Nunca podéis pedir a ocho gatos
remolcar un trineo en la nieve.»

Jeff Valdez

El animal *Oak* nunca se para. No porque sea turbulento, sino porque se olvide que sus energías terminan, y ¡qué tarde o temprano tienes que parar!

Trabajador, tenaz, tiene un gran sentido de la responsabilidad hacia sí mismo y se asegura de hacer todo su deber todos los días hasta el final (en cualquiera de las acciones de los individuos, este deber) ¡también matandose!

Sé lo que estáis pensando, mirando hacia el astuto gato acurrucado en el sofá viendo que os observa ociosamente y secretamente con un aire de felicidad y parece reírse de vosotros "¿pues de quien está hablando éste ??"

Y, de hecho, tenemos que decir que, a diferencia de los seres humanos y el perro, el gato es un animal muy poco *Oak*. Tiene una perfecta gestión de sus energías, que sabe dosificar con inteligencia y equilibrio.

Sin embargo, cualquier gato puede vivir un estado *Oak*. Lo reconocerás porque a lo mejor, aunque debilitado por la enfermedad, aún ha hecho el esfuerzo para llegar hasta su escudilla o para agacharse a vuestros pies (y le gustaría ser recogido: ¡tomadle!). Ahora parece agotado. Dadle *Oak*.

También dadla a esos gatitos que nacen más débiles que otros, y sin embargo, juegan locamente como sus hermanos. Ellos están tan desgastados que en lugar de amamantar colapsan por el sueño.

En el nivel físico, utilizaremos *Oak* cuando el gato muestra poca resistencia, o si una parte o función del cuerpo ha sido estimulado excesivamente y ahora parece que no logra recuperar.

Flores para confrontar: *Elm, Olive*

23. OLIVE

«Si sólo los gatos creciendo se convertieran gatitos.»

R.D. Stern

Olive, como *Oak*, no conoce sus propios límites psicofisicos, y sigue impávido por su propio camino, haciendo lo que parece, como le parece, hasta que cae al suelo agotado.

Olive, como *Oak*, no es una tipología típicamente felina.

Sin embargo, la esencia puede ser muy útil, y se debe utilizar cada vez que nos enfrentamos a un gato debilitado, cansado, sin poderes, demasiado soñoliento. Le ayudará a no menos.

Flores para confrontar: *Elm, Oak*

24. PINE

«Incluso si acabas de destruir un jarrón Ming,
haces los ronroneos.
En general te perdonan rápidamente.»

Lenny Rubenstein

Pine es una esencia muy sutil, y se refiere a una maldita emoción típicamente humana: el sentimiento de culpa.

Me parece oír vuestro grito; pero ¡si *él* se lima las uñas por todas partes sin escrúpulos !!

Es verdad: nuestros amigos felinos no son constitucionalmente capaces de sentirse culpable.

Sin embargo, tal vez habéis exagerado reprochandole. Tal vez se sentía maltratado, se dio cuenta de haber hecho algo mal, pero no es cierto que sepa exactamente lo que sea (recordáis que rascar sus uñas en vuestra alfombra es un acto éticamente irreprochable en la perspectiva felina) o logre entender vuestra decepción.

Así que cada vez que la sospecha que el gato tenga un estado del alma conflictivo, o si intenta la vivisección de vuestra mirada para comprender si en realidad no hay nada malo si usa el rascador en lugar de la alfombra, probáis *Pine*.

25. RED CHESTNUT

«Dormir juntos es un eufemismo
cuando se habla de las personas,
pero con el gato es equivalente a un matrimonio.»

Marge Piercy

No hay manera: *Red Chestnut* no se separa.

Parece que no se puede vivir sin vosotros.

Pero no es sólo un vínculo cariñoso. La suya es una verdadera preocupación para vosotros. Se asegura, a su manera, que estáis bien. Una sombra en vuestra cara puede ser suficiente para dejarle rienda suelta a un enjambre de invisibles pero tormentados pensamientos.

Hay gatas *Red Chestnut* que pasan todo el período de embarazo de sus compañeras humanas acuclilladas, silenciosas ángeles de la guardia.

¿Vuestro gato os está por encima cuando estáis en la cama por la gripe?

¿Ya veis llegar vacilante e inestable si por casualidad os escuchó quejar por una migraña persistente?

¿Cuando peleáis con vuestra pareja también parece estar afectado también él?

Aquí está, eureka, descubierto: es *Red Chestnut*.

Regaláis mayores atenciones a este gato: las merece todas. ¡Y mostraos sonriendo si le notáis en plena, le mostráis que estáis bien!

Incluso las gatas que se apartan con demasiada frecuencia a sus gatitos, en constante búsqueda de un lugar más seguro, podrían necesidar esta flor.

Flores para confrontar: *Centaury*

26. ROCK ROSE

*«Los gatos siempre van un poco más allá de
los límites que nosotros,
en nuestra locura ciega,
qerríamos establecer.»*

André Norton

El gato *Rock Rose* no tiene miedo: tiene terror.

Cuando hay los fuegos del día de Nochevieja los cobardes gatos *Mimulus* corren y se esconden debajo de la cama. Los gatos *Aspen* los presenten y comienzan a esconderse bien antes de la medianoche.

Rock Rose al contrario desaparezca, literalmente. Les encontraréis después de horas o días, con dificultad, después de agotadoras búsquedas, en el lugar más improbable e inaccesible de la casa, con los ojos enorme, poniendose los pelos de punta, las orejas hacia atrás y todos los músculos tensos.

Rock Rose entra en pánico, en el verdadero sentido de la palabra. Los posibles síntomas incluyen accesorios tales como respiración rápida, babeo y palpitaciones.

No es obvio esperar el día de Nochevieja para revelar la naturaleza *Rock Rose* de vuestro gato.

También podría aterrorizarse por cosas mucho más mundanas y cotidianas, y aquí la gama es tan amplia como para hacer que los ejemplos sean superfluos.

En general, sin embargo, los gatos muy inquietos, siempre vigilantes como si cada paso se ocultara un peligro mortal, o que hagan un salto hasta el techo si les agarráis de sorpresa, todos benefician de la asunción de la esencia.

La esencia es absolutamente recomendable junto con la *Star of Bethlehem* si sospecháis que el gato ha sufrido malos tratos en pasado.

La flor es útil en el plano físico cuando hay una función o parte del cuerpo que se manifiesta en una especie de "bloqueo de pánico": por ejemplo, en ciertos tipos de parálisis.

Flores para confrontar: *Aspen, Mimulus*

27. ROCK WATER

*«A los gatos no le gustan los cambios,
sobre todo si no los han decidido ellos.»*

Roger A. Caras

Lo sabéis: quiere hacer las cosas de su manera.

Sì, es verdad, os han dicho que el gato es el animal más flexible del mundo, que se adapta y blablabla.

Pues, el vuestro no.

Habéis establecido (o mejor dicho: os ha obligado decidir) que ¿a las 10 de la mañana es el momento de cepillado? Ahora no podéis fallar, porque él estará allí para exigirlo, todos los días, puntual.

Rock Water no quiere cambiar sus hábitos, y es muy reacio a cambiar. Por otra parte, parece tener una idea muy clara de lo que quiere, de lo que es correcto e incorrecto.

Si os gruñe amenazadoramente cuando apartáis vuestra (por lo tanto la suya) silla favorita de un lado del jardín es porque ofendéis a su sentido de justicia. Sería más feliz si la silla permanecería allí y vosotros os acomodaríais en el suelo.

En la práctica es un poco difícil de distinguir en términos de carácter un *Rock Water*, así que lo mejor es combinar la esencia con otra similar como por ejemplo *Vervain*.

Cada vez, sin embargo, que el gato muestra excesiva rigidez, que es temperamental o física (por ejemplo, endurecimiento, cristalización...), tratar *Rock Water*.

Flores para confrontar: *Chestnut Bud, Vervain, Walnut*

28. SCLERANTHUS

> *« Admito una cierta admiración por los gatos;*
> *histéricos, psicóticos, solipsistas, vanidosos y presenciales,*
> *fanfarrones, taciturnos y gruñones,*
> *no se dejan asimilar.»*

Giorgio Manganelli

"¡Es loco! ¿Por qué lo he hecho?!"

Esto es lo que habéis pensado un día después de la su acogida, cuando le trajeron…

Como *Impatiens*, también el gato *Scleranthus* no tiene paz. Pero mientras el primero es simplemente nervioso, el segundo nunca sabe lo que quiere.

Scleranthus cambia de opinión todo el tiempo, y su estado de ánimo oscila como un péndulo.

Seamos sinceros: esos tipos de gatos que afirman que si les cocinás SU plato preparado a la perfección, con esos ingredientes precisos y condimentos, cocinado a la perfección … son un poco obsesivos y molestos, pero también son una garantía, ya que su trabajo es recompensado por una consumación ingrata pero satisfecha.

Con *Scleranthus* en lugar es siempre una incógnita. ¿Hoy le gusta el pollo? No mañana. ¿Y el día después? ¡Se le podría agradar nunca más! Pero para saberlo hay que probar. ¡Y lo deja en el plato! A continuación, intentáis con el bacalao. ¡Y lo deja en el plato! Al día siguiente, pero ... ¡quería el bacalao! pero vosotros no lo podéis saber y tratáis de...

Abandonáis vuestro mundo de las pequeñas certezas, él lo negará siempre.

Incluso el temperamento, *Scleranthus* no tiene el don de la estabilidad. Su estado de ánimo es decididamente ciclotímico, sube y baja, pasando por la bonhomía tranquila para la reacción de ira en pocos momentos.

Vosotros estáis viendo juntos la televisión (lo que quiere), él está beato a vuestro lado. Os levantáis para tomar un vaso de agua. Volvéis. Y encontráis su hermano gemelo loco, apenas materializado en vuestro salón de estar por un diabólico portal dimensional.

Sin embargo, no tenéis una mala opinión de vuestro *Scleranthus*. Si encuentráis una manera de sobrevivir a sus cambios, su variabilidad se demostrará ser un valor añadido y os entretendrá mucho.

En el tratamiento, la flor será muy útil en las condiciones caracterizadas por la variabilidad cíclica y marcada.

29. STAR OF BETHLEHEM

« *Si un gato es mordido por una serpiente
luego desconfiará también de una cuerda.*»

Proverbio arabo

No existe una personalidad *Star of Bethlehem*.

La esencia es preciosa en todos los casos en los que nuestro gato sufre un trauma físico o mental. En este caso se debe administrar tan pronto como sea posible y tan largamente cuanto más grave es trauma sufrido. En la inminencia del trauma es preferible usar el *Rescue Remedy*, que es el remedio floral de emergencia y incluye ya *Star of Bethlehem*.

Incluso si aceptaráis a un gato que sabéis ha tenido un trauma previo (por ejemplo: los malos tratos, o que ha sido atropellado), dejar que tome esta flor.

También existe la posibilidad que el trauma lo ha sufrido, pero no lo sabéis. Todo depende de los sospechas que tenéis y, como nos recuerda el proverbio que abre el capítulo, puede ser que el gato manifiesta signos que son muy lejos del trauma original.

El gato que tiene una memoria traumática presenta características similares a las de *Rock Rose* y *Aspen*, y es a menudo reactivo e "imposible" como *Holly* y *Vervain*. Sin embargo hay algo más, estas actitudes no parecen primarios porque a lo mejor es sobre todo un gato muy dulce y también confía en si mismo ...

Sí, no es fácil. En caso de duda, añadis *Star of Bethlehem* a la fórmula sin límites.

30. SWEET CHESTNUT

« El problema con los gatos es que tienen
exactamente la misma mirada
cuando ven una mariposa
o a una asesino brutal.»

Paula Poundstone

Como *Star of Bethlehem*, también esta es una "flor de circunstancia."

De hecho está vinculada a los estados de profundas angustias, una condición en la cual el miedo y la preocupación dan paso a una desesperación auténtica.

Evidentemente, no es un estado recurrente todos los días.

Como veremos en el Repertorio, la esencia es especialmente útil en combinación con otros remedios de emergencia (*Rescue Remedy*) o para las fases críticas de enfermedades importantes (*Gorse*).

Vuestro gato es un animal orgulloso y muy valiente, y casi nunca os mostrará su condición *Sweet Chestnut*. Por tanto, tenéis que intuirla. ¡Cuidado!

31. VERVAIN

*« El grande atractivo del gato está en su egotísmo rampante,
su aire de arrogante contra la responsabilidad,
su absoluta falta de inclinación
a ganar algo de dinero con honestidad. »*

Robertson Davies

El gato *Vervain* a menudo resume las características de otras personalidades florales.

De hecho es litigioso (casi) como *Holly*. Presumido (casi) como *Rock Water*. Impuesto (casi) como *Chicory*. Nervioso (casi) como *Impatiens*. Inestable (casi) como *Scleranthus*. Agresivo como *Vine*(mucho menos, y ¡es menos doloroso!).

Si estuvieramos en su cabeza (y antes de escapar lejos como el demonio) descubríamos que nuestro gato es honesto, pero - como decir - un felino egocéntrico y asocial. Él está allí, y estamos nosotros que parece que estamos aquí sólo para molestarlo.

Yo digo que es honesto porque tiene un verdadero sentido de la justicia. Pero una justicia *Vervain*, que contempla el rechazo a ceder a ninguna imposición, a seguir cualquier regla, aprender hábitos no compartidos.

El gato *Vervain* no es sólo difícil determinar con precisión. También es difícil de manejar, por sus compañeros humanos. Tiene, de hecho, un temperamento muy malo.

Vamos a utilizar la flor sobre todo en sinergia con otras esencias, como algunas de las indicadas anteriormente. Y nosotros sospecharemos a *Vervain* en todos los casos donde el gato pone en marcha conductas francamente exagerados, que a veces parecen deliberadamente diseñadas para irritarnos.

La deliciosa contrapartida de todo eso es un gato que es muy seguro y que nunca nos aburrirá.

En el tratamiento, también vamos a usar *Vervain* en las manifestaciones agudas inflamatorias, probablemente con aparición brusca.

Flores para confrontar: *Holly, Chicory, Heather*

32. VINE

No es malo. Y no es cierto que no os quiere.

Sí, no es exactamente un mimoso. Sí, no acepta que probéis decirle qué tiene que hacer. Y sí, si es necesario hace todo para que entendáis lo que hay que entender en términos muy claros. Y ... bien: cuando os ataca, no lo hace exactamente como un juego.

De hecho tal vez el rasgo que permite la diferenciación de *Vine* con otros gatos un poco arrogante es proprio esto: no bromea. *Holly* y *Chicory* pueden arañaros por celos, *Vervain* por orgullo, *Beech* por irritación. Pero en mayoría se trata de reacciones del momento, sin embargo por lo general muy medidas.

Vine algunas veces parece ¿como decir?, hacer violencia planificada.

A menudo se confunde con gato *Water Violet*, debido a que ambos tienen esta apariencia individual, desinteresada, un poco distante. Pero *Water Violet* no es agresivo, y por otro lado *Vine* desinteresado no lo es para nada. Él observa todo con cuidado, sabe lo que quiere, y se lo va a conseguir porque es muy seguro de sí mismo.

Inútil esperar un acuerdo. Él nunca cederá.

Lo peor, sin embargo, no es el vuestro, sino el de sus compañeros animales que podrían encontrarse en la condición de las víctimas de su opresión. Si hay un gato dominante, lo entendéis, es él.

¿Qué hacer entonces? Reforzar otros gatos con flores de protección (*Centaury, Mimulus, Walnut*), y damos a nuestro *Vine* – a parte la esencia homónima - el respeto que se merece. La vieja comparación del gato y el rey de la selva es, por una vez, justo. No pretendemos que acogerle en los brazos como un fajo de pelo. Nos arrepentimos.

Físicamente, vamos a utilizar *Vine* principalmente en el tratamiento de las inflamaciones que no logran desahogar (como los abscesos).

Flores para confrontar: *Water Violet, Holly*

33. WALNUT

«Oh, un gato es un gato, solamente que Babou es demasiado largo,
cuando decide serlo. Y entonces,¿ estamos seguros que es negro?
Lo más probable es sincero al caminar sobre la nieve,
oscuro en la noche y en lugar rojo cuando va a robar fresas.»

Colette

Es uno de los remedios florales en un uso más amplio, y como en el caso de algunas otras flores (por ejemplo *Cherry Plum* y *Star of Bethlehem*) no corresponde con un modelo de personalidad pero ayuda en condiciones específicas y transitorias.

Walnut es útil en todos los casos en los que es necesario para facilitar la capacidad de adaptación de vuestro gato, como resultado de un cambio que puede ser temporal o definitivo.

Ejemplo de cambio temporal. Supongamos que váis a viajar en avión, o un largo viaje en coche, y que decidis traer con vosotros a vuestro compañero. *Walnut* estimulará sus habilidades de adaptación, lo que es realmente importante en una situación tan estresante para él.

Ejemplo de cambio permanente. Está cambiando casa.

Esto a menudo es emocionalmente un momento difícil ya para los humanos. Por vuestro gato será aún más, porque él tiene su propio bagaje de recuerdos relacionados con la vivienda, pero además está el hecho que probablemente pasa mucho más tiempo allí que vosotros (y la conoce mucho mejor) y a diferencia vuestra no es asistido, en este cambio, por la elaboración racional.

Lo sabéis, de hecho, que trasladaros a la nueva casa va a significar pagar un alquiler más bajo y ponerse a trabajar en la mitad del tiempo. El gato no lo puede saber, no lo ha decidido él y, en cualquier caso, incluso si lo sabía no le importaría nada.

Esta flor preciosa es una increíble variedad de uso en el tratamiento.

34. WATER VIOLET

«La objeción real que se puede hacer
a la gran mayoría de los gatos
es su aire de superioridad insoportable.»

P.G. Wodehouse

De las cuatro o cinco figuras arquetípicas del gato que pueblan nuestro imaginario colectivo (el mimoso, el tigre, el jefe del barrio ...), *Water Violet* es, sin duda, la más comun: el Aristócrata.

Es el gato blanco con el pelo bien cuidado que en nuestra imaginación (y en alguna realidad) vence en las maestras felinas mirando hacia abajo a los demás participantes.

De lo imaginario al real, el paso es más corto de lo que parece, porque de hecho - Pues... se ve cómo vuestro *Water Violet*: vosotros no despiertáis su interés. O mejor dicho, sólo hasta a un cierto punto.

Tiene su mundo de gato (cuyos límites coinciden con los de la vivienda que os ha dado el usufructo), su ritmo y su ruta diaria que sigue ajeno a lo que está sucediendo a su alrededor.

No molesta a los otros gatos, y no se deje molestar. Si no existieran, sería feliz igualmente.

Realmente ¡no es arrogancia! Él es feliz así.

Y vosotros también. Porque si bien es cierto que nunca va a dejaros un pequeño regalo (un lagarto, una hoja) en las zapatillas y nunca va a plantar gruñendo escenas de celos (que en el fondo os gusta), sucederá que un día le pasaréis cerca, alargáis la mano por una caricia fugaz esperando su retiro habitual ... y él - inmenso y sorprendente – os dará una lamida.

Será el día más bello de vuestra vida.

Flores para confrontar: *Wild Rose*

35. WHITE CHESTNUT

«Oh, los gatos en esta ciudad tienen sus secretos.»

Mary Virginia Micka

White Chestnut es una flor más bien impersonal, como Cherry Plum, Walnut y algunos otros. O sea no existe el gato *White Chestnut*, pero existe el gato que expresa la energía emoziona de esta esencia.

La emoción relacionata a la flor es la *preocupación*. Pero no tenemos que confundirla con el miedo (*Mimulus*), la ansiedad inquieta (*Aspen*), el terror (*Rock Rose*) o la actitud a esperar lo peor (*Gentian*).

La preocupación de *White Chestnut* nace por el hecho de que su mente nunca se detiene. Él se cierne constantemente, sin descanso.

¿De qué? No podemos saberlo. Sin embargo, ciertamente podemos honorarle, ponernos en el pelo, y entrar dentro de su cabeza por un momento. Sentiríamos más o menos así: "Pasado ayer me llevó al veterinario, que me puso la inyección... ayer también me llevó al veterinario... esta vez no me puso la inyección, al contrario me dio croquetas... me pregunto si hoy me lleva ... y si me trae ¿que me va a pasar?? ... pero esta mañana me ha tomado en sus brazos y me ha mimado un poco ... entonces tal vez no hoy me lleva ... y ¿si en vez me lleva ???. ...."

Como se puede ver, vuestro gato no tiene descanso.

En este punto os estáis preguntando, ¿cómo saber si vuestro gato está en una fase *White Chestnut*.

¡Por supuesto no se puede! A continuación, añadis *White Chestnut*, como medida de precaución, en todas las fórmulas para el miedo y la ansiedad.

Aunque ... algunas veces habéis observado que tal vez es un poco insomne... cierra los ojos ... los abre ... y pensáis "pero ¿qué reflexionas? ¡eres un gato!"... Bien, tratáis de darle *White Chestnut*.

Lo aministráis igualmente en todas las formas de comportamiento obsesivo y repetitivo, por ejemplo, a los gatos se lamen constantemente.

36. WILD OAT

> *« No conozco al gato.*
> *Sé todo, la vida y su archipiélago,*
> *pero no puedo descifrar un gato.*
> *Por su desapego la razón retrasa,*
> *son números de oro los que están en sus ojos.»*

Pablo Neruda

Wild Oat es la flor tradicionalmente utilizada para observarse en el interior y darse cuenta de cuál es el propio lugar en la vida. Es decir, para encontrar la propia vocación.

A vuestro gato no le interesa mínimamente, porque quien es y lo que debe hacer en la vida lo sabe muy bien, que incluye el completo apoyo en vosotros para todas sus necesidades que no quiere despachar de primera mano.

Por lo tanto estamos más interesados en algunos matices adicionales de esta esencia, que se unen a las incertidumbres o anomalías del comportamento del gato de los cuales no encontramos una explicación.

El gato que muestra, por ejemplo, algo así como el aburrimiento (lo sé, más fácil de decir que de reconocer), que realiza acciones aparentemente inútiles y sin objeto, que se cierne sobre la casa sin saber qué hacer, que aparece en realidad no apático (*Wild Rose*), pero un poco confuso y vacilante, podría beneficiarse de la asunción de *Wild Oat*.

También el gato que se parece un poco "fuera de foco", como si aún no había desarrollado plenamente su propia personalidad definida, puede beneficiarse de esta esencia.

Probar no cuesta nada, y vamos a utilizar la flor en combinación con otras de inmediato más reconocibles cada vez que se aleja de su naturaleza felina.

Flores para confrontar: *Scleranthus, Cerato*

37. WILD ROSE

« *Los gatos dormidos en cualquier lugar de las bibliotecas
como fueron sujetalibros motorizados...*»

Audrey Thomas

La apatía, la dimensión en la que cada pasión parece
estar apagada y nada parece interesante, una especie de
resignación gris, puede ocurrir en los gatos también, pero no
como una condición a largo plazo. Pero podría acompañar a
dolencias físicas importantes y especialmente de las grandes
condiciones de agotamiento.

El gato *Wild Rose* puede confundirse fácilmente col
gato *Clematis* y *Water Violet*.

La diferencia radica en la dirección de la energía:
Clematis es *activamente* (y felizmente) absorto en su mundo
interior y *Water Violet* está *activamente* (y felizmente)
desinteresado en otros.

Al contrario Wild Rose es un gato triste, que no le gusta
sino se somete a su condición, de la que querría venir a cabo.

Por lo tanto, tenemos el deber de ayudarle. Tantos
mimos, y sobre todo muchos estímulos energizantes. Y las
gotas de *Wild Rose*.

En el tratamiento es común asociar la esencia a *Hornbeam* y *Olive*; es una sinergia que promueve la recuperación de las fuerzas y la reconquista del deseo de hacer.

Flores para confrontar: *Gentian, Mustard, Hornbeam*

38. WILLOW

« A mis tres gatos les cortaron bolas.
Ahora se agachan y que me miran
con los ojos vaciados de todo
excepto el deseo de matar.»

Charles Bukowski

Está enojado con vosotros por algo.

Que quieres decir, "¡Nunca he hecho nada !!"?

Siempre hay algo que habéis hecho para vuestro gato *Willow*, ya sea que lo sepais o no.

No importa qué sea tan lejana en el tiempo, o cuanto a mi y vosotros puede parecer insignificante. Ahora ya lo habéis hecho, y os guarda rencor. Por supuesto, no se exceda: rencor felino, resentimiento de un gato. ¡Un resentimiento cariñoso, en breve!

El hecho es que él se marca todo, y no va a pasar una. Con el tiempo se vuelve como un volcán a punto de explotar. Con una memoria de elefante por los errores sufridos, sobre todo si se repiten en el tiempo.

No creo que esta viciosidad le convierte en un peleador. Al contrario, por lo general está muy bien suprimida.

El gato *Holly* os muerda tan pronto como le tocáis accidentalmente la cola.

Al gato *Willow* tal vez la golpeáis también, le miráis aterridos y le cubráis de excusas. Pero él no parece esté ofendido mucho. Y respirar un suspiro de alivio. Hagáis mal: un mes más tarde lo recordará y se vengará.

De hecho, en general, un comportamiento resentido, pero no abiertamente agresivo, compuesto sobre todo por despechos, mal humor y descontento que de desafío, es una buena sugerencia para el uso de la esencia.

Willow es muy útil también en los casos de brotes de infección persistente, en los problemas de la piel y articulaciones y enfermedades crónicas en general.

Flores para confrontar: *Holly, Beech*

RESCUE REMEDY

El remedio de emergencia del doctor Bach es una fórmula compuesta por cinco flores *Cherry Plum, Clematis, Impatiens, Rock Rose* y *Star of Bethlehem,* justamente famosa por sus excelentes rendimientos cuando se trata de manejar una situación de emergencia.

Cada una de las flores que son parte de ella tiene su razón de ser:

- *Cherry Plum* para la pérdida de control que a menudo sigue a una lesión o un shock

- *Clematis* para quedarse consciente

- *Impatiens* para el dolor y el nerviosismo

- *Rock Rose* para superar el pánico y la parálisis de las funziones

- *Star of Bethlehem* para superar el evento traumático

Se subraya con frecuencia en la literatura floral que *Rescue Remedy* es una marca comercial registrada y por lo tanto la encuentráis en comercio también con otros nombres

(Flowers Remedy, etc.), es un remedio para las emergencias y solamente como tal debe ser utilizado.

A menudo quien se acerca como profano a las flores de Bach podría tomarlo de forma inapropiada.

Hay que decir que, a diferencia de los humanos, en el caso de los animales se justifica el uso más abundante de *Rescue Remedy*. Esto es porque a menudo es muy difícil identificar el problema exacto que nuestro compañero está afrontando en un momento preciso, y luego el *Rescue* realiza una función comodín. A menudo, este enfoque da buenos resultados.

Esto no quiere decir que es apropiado para tratarlo siempre. Por ejemplo, no lo damos al gato que tiene el pelo enmarañado.

Pero en cualquier situación de emergencia y en muchas situaciones anormales de tipo agudo que en el momento que no entendemos el sentido merece tentar la asunción.

Por esta razón, es el único remedio de Bach que siempre se debe tener en casa. Se debe utilizar absolutamente incluso en aquellos casos en los que queremos estabilizar al animal que espera para llevarlo al veterinario: a continuación, no sólo en caso de accidente, sino también en caso de vómitos perniciosos, por ejemplo, u otros signos sospechosos.

Capítulo 2: PRUEBA

Esta sencilla prueba está diseñada para que podáis localizar rápidamente las flores más similares a vuestro gato sin tener que leer todo el libro.

Compruebe como cada una descripción es relevante y tenga en cuenta su número.

---

1. Es sospechosamente hiper sociable e hiper alegre. Pase lo que pase a él no le importa. Puede ocurrir que no manifiesta sufrimiento incluso en la presencia de heridas o trastornos objetivamente dolorosas.

2. Gato "lunar". Inquieto, parece conectado a mundos paralelos. Él tiene miedos indefinibles, no imputables a situaciones específicas.

3. Es muy irritable, se enoja con todo, manifiesta su oposición al descontento mínimo.

4. Está bajo el pulgar de los otros gatos (o perros), o en general es todavía demasiado listo y dispuesto a renunciar en favor de los demás.

5. Tiende a imitar los comportamientos de otros gatos. Parece muy impresionable y que no sabe bien ni como tiene que hacer las cosas.

6. Tiene dificultad a mantener el control, como por ejemplo cuando se enoja, o en otras situaciones: ¡literalmente pierde la cabeza!

7. No parece aprender de la experiencia, siempre hace las cosas de la misma manera. No logra aprender cosas nuevas.

8. Es muy posesivo, siempre presente, siempre está cerca. Se enfada si no hago lo que dice. Sin embargo, es muy cariñoso.

9. Parece vivir en paz en las nubes, alejado de la realidad. Como si su mundo real esté en otra parte. Se distrae.

10. Es obsesivo en la limpieza (suya, de la arena ...). O por el contrario, es descuidado en forma sin precedentes!

11. Ha vivido una situación a sus límites (físicos o mentales) y ahora está agotado.

12. Fácilmente se desanima; a la menor dificultad se da por vencido. ¡Parece que sufre por pesimismo crónico!

13. Está viviendo una situación extremadamente mala y parece haber perdido todas las esperanzas.

14. Es increíblemente egocéntrico, tiene que ser siempre el centro de la atención. ¡Hace cosas locas sólo para llamar la atención!

15. Es muy celoso de las atenciones reservadas a los demás (a los animales y no). Fácilmente se enoja y es agresivo.

16. Él tiene una historia particular, y es nostálgico; o al contrario, tiene los recuerdos que le atormentan. O bien: en la vida cotidiana, cuando se deja solo a lo largo, sufre.

17. ¡"Máximo ahorro de fuerzas" parece su lema! Fuera por él no se levantaría de la cama para ir a comer, especialmente por la mañana.

18. Nervioso, inquieto, parece sin paz, incapaz de quedarse quieto.

19. No tiene garra. Es vacilante, no se defiende. Si un salto es difícil ni siquiera lo intenta.

20. Tímido. Miedoso en general y muy miedoso por algunas cosas específicas: la olla a presión, la tormenta, el agua, la aspiradora ...

21. Pasa un momento de evidente tristeza, tal vez por una separación o una enfermedad.

22. No es consciente de sus limitaciones y tiende al abuso de sus fuerzas y sobreactúa. ¡Tiene poca resistencia!

23. Se agota, debilitado o en todos modos muy débil, a menudo como resultado de una enfermedad.

24. Tiene unos comportamientos extraños (por ejemplo, hace sus necesidades donde no debe), y tal vez es porque hemos regañado un poco demasiado.

25. Es muy atento para su propio compañero humano y sus propios gatitos.

26. Vive tipos de miedos extremos: verdadero terror. Puede manifestar síntomas físicos de ataque de pánico.

27. No quiere saber como hacer de otra manera. Se cortaría una pata en lugar de cambiar los hábitos.

28. Cambiar humor incesantemente, sus gustos y preferencias cambian constantemente. A menudo no logra decidir.

29. Sufrió un trauma importante, físico o emocional, en el pasado o hace cinco minutos.

30. Se encuentra en un estado de tremenda angustia, porque pasó algo o por la incomodidad de una enfermedad.

31. Tiene actitudes exageradas, excéntricos; también es un poco arrogante.

32. Es el gato dominante. Él sabe lo que quiere y se impone. Se debe abordar con cuidado, ya que puede hacer daño.

33. Tiene dificultades para adaptarse a nuevas situaciones, incluso muy provisional.

34. Gato aristocrático que no tiene una gran necesidad ni de usted ni de los otros gatos.

35. Manifiesta por señales pequeñas que se cierne continuamente algo.

36. Incierto, indefinido, aburrido a veces, todavía intenta responder a la eterna pregunta: "¿Qué es un gato?".

37. Apático. Parece que nada más despierta su interés. No se apasiona.

38. Rencoroso, malévolo. Parece haber acumulado pequeñas rabias por mucho tiempo.

Ahora, tened en cuenta las flores "positivas" según este esquema:

1. Agrimony
2. Aspen
3. Beech
4. Centaury
5. Cerato
6. Cherry Plum
7. Chestnut Bud
8. Chicory
9. Clematis
10. Crab Apple
11. Elm
12. Gentian
13. Gorse
14. Heather
15. Holly
16. Honeysuckle
17. Hornbeam
18. Impatiens
19. Larch
20. Mimulus
21. Mustard
22. Oak
23. Olive
24. Pine
25. Red Chestnut
26. Rock Rose
27. Rock Water
28. Scleranthus
29. Star of Bethlehem
30. Sweet Chestnut
31. Vervain
32. Vine
33. Walnut
34. Water Violet
35. White Chestnut
36. Wild Oat
37. Wild Rose
38. Willow

Es una buena práctica para volver a leer los capítulos de cada flor que han salido bien de la prueba y esto sobre todo cuando salen más de 6 o 7.

A este punto tenéis vuestra lista de flores para ir al erbolario o la farmacia y prepar vuestro envase.

Capítulo 3: EL REPERTORIO

3.1 USO DE LOS REPERTORIOS

Para utilizar los repertorios sólo tiene que buscar el trastorno o síntoma o característica y anotar la flor asociada. Vosotros encontraréis una indicación del tipo: *Agrimony*.

Muy a menudo se utilizan más flores para una sola condición. Las otras flores que se unen a la mezcla estarán precedidos por un signo +. Así que si, por ejemplo, si veáis la señal: *"Agrimony +Wild Oat +Wild Rose"* significa que necesita preparar una mezcla con las tres esencias.

Continuando a leer la voz del Repertorio de vuestro interés, a menudo encontraréis unas distinciones. Estos se utilizan para considerar aspectos adicionales que podrían estar relacionados con la principal condición: si es el caso de vuestro gato se añadirán también estas flores a la fórmula.

Ejemplo. Queremos tratar de mitigar la agresividad de nuestro gato. A continuación, ante todo escribiremos la primera flor *Holly*, esencia válida de todas las formas de agresión. Si seguimos leyendo, sin embargo, vamos a reconocer la frase *"domina el territorio y todo el mundo, y duele"* nuestro gato, que no nos permite acercarnos al sofá balanceo en el jardín, ya que es su propiedad exclusiva y pasa tiempo para intimidar a los otros gatos. Entonces también añadimos *Vine* a la fórmula.

Debería añadir todas las flores que corresponden a la situación. No os ponéis límites: en caso de duda, mejor una flor más que una menos. La adición es absolutamente inofensiva, aunque preferiblemente no exceder de 6-7 flores. La regla se aplica tanto a las dolencias físicas como para las desarmonías de carácter.

3.2 REPERTORIO COMPORTAMENTAL

Hábitos malos, incapacidad para cambiarlas

Fórmula generalista para romper los malos hábitos.

Chestnut Bud +Rock Water +Walnut +Cerato

Hábitos, necesidad de cambio

Cualquier cambio en su vida: la llegada de otros gatos o niños, cambio de casa, movimiento de la caja de arena para sus necesidades.....

Walnut

en un gato con un carácter poco maleable: +Rock Water

si manifiesta irritación por la nueva cosa: +Beech

Agresión

Holly

domina el territorio y a todo el mundo, y duele: +Vine

sólo si descuidado: +Chicory +Heather

que no puede contener: +Cherry Plum

enojado con alguien en particular (su primo, el cartero): +Beech

    este alguien le ha hecho un gran mal: +Beech +Willow

por ira acumulada en el tiempo: +Willow

Autolesiones

Es raro pero puede suceder, especialmente en los gatos que han sufrido traumas.

Pine +Star of Bethlehem +White Chestnut +Cherry Plum +Scleranthus

Necesidades fuera de la caja de arena

Crab Apple

por despecho: +Beech +Holly

fue reprendido muy duramente: +Beech +Holly +Pine +Willow

por pereza: +Hornbeam

por letargo (por enfermedad o vejez): +Hornbeam +Wild Rose +Clematis

porque que no entiende dónde y cómo hacerlas: +Chestnut Bud +Clematis

por la frustración (porque tiene que compartirla con otros gatos o porque no está lo suficientemente limpia): +Elm

Control, pérdida de

A las flores propias de la situación en la que está asociada la pérdida de control - con el miedo (gato que huye), la ira (gato que ataca sin precaución), etc. - añadir también:

+Cherry Plum

Impertinencia

Beech

inmediatamente apenas contrariado: +Holly

hace dispechos más tarde: +Willow

Distracción

Saltos que fallan, juegos perdidos continuamente, gatos que caen desde alturas...

Clematis +Chestnut Bud

en gatos un poco inciertos y con caracter poco definido: +Wild Oat +Cerato

Celos

Chicory +Holly

Inseguridad

Larch +Cerato

flagrante inferioridad con respecto a los otros animales: +Centaury

Intolerancia, la susceptibilidad

Beech

Invadenza

nosotros somos el centro de su mundo: Chicory +Red Chestnut

él es el centro de su mundo, con nosotros satélite: Heather

ambos: Chicory +Red Chestnut +Heather

fácilmente impaciente: Impatiens

presentismo, vanidoso: +Vervain

Luto

La pérdida por el gato de compañeros animales o humanos requiere una atención especial de vuestra parte contra él.

Honeysuckle +Red Chestnut +Star of Bethlehem +Mustard

si la relación era muy intenso: +Chicory

si parece sufrir mucho: +Sweet Chestnut

si en seguda se relaja completamente: +Gorse

en el caso de pérdida traumática y repentina, en la inminencia: Rescue Remedy

Enfermedad, reacción a

si está deprimido, parece un poco abatido: +Gentian +Wild Rose

no quiere levantarse para llegar a la escudilla: +Hornbeam

agotamiento de las energías mentales y físicas: +Olive

parece haber capitulado: +Gorse

triste y vinto: +Sweet Chestnut +Elm +Mustard

después de la curación, pero la recuperación lenta: +Gentian

Nerviosismo, inquietud

Caracter nervioso, nunca se detiene.

Impatiens

inestable: +Scleranthus

comportamientos exagerados:: +Vervain

es como si pensara en los pagos de la hipoteca: +White Chestnut

parece feliz cuando no lo debería ser: +Agrimony

parece no saber lo que quiere: +Wild Oat

Obsesivos, comportamientos

Por ejemplo, el gato que hace rituales largas alrededor de su arena, así como se limpia con demasiada frecuencia o durante demasiado tiempo.

Crab Apple +White Chestnut +Cherry Plum

Miedo

en cosas específicas (agua, altura, objetos, detalles ruidos, etc.): Mimulus

caracter generalmente tímido y temeroso: Mimulus

parece asustado pero sin razón aparente: +Aspen

terror pánico y síntomas físicos: +Rock Rose

   en la inminencia: Rescue Remedy

hacia los compañeros animales y humanos: +Centaury

   fórmula general contra el miedo: Mimulus+Aspen +Rock Rose

Sumisión

Súcubo del animal dominante.

Centaury

Traumas

Los efectos emocionales del trauma (accidentes, abuso, muerte súbita) en el gato pueden ir mucho más allá de lo que da que ver.

en la inminencia: Rescue Remedy

luego: Star of Bethlehem

si se trataba de un evento aterrador: +Rock Rose

gato muy angustiado y afligido: +Sweet Chestnut +Elm

si está deprimido: v. Tristeza

si desarrolla miedos e inseguridad: +Mimulus +Aspen +Rock Rose +Larch +Gentian

Tristeza

Mustard

por probable anhelo de una casa o un compañero del pasado (incluso próximo): +Honeysuckle

acompañada de letargo: +Hornbeam +Gentian

no le interesa nada: +Wild Rose

tristeza irremediable: +Gorse

Vocalizaciones excesivas

Heather +Beech +Vervain

en un gato muy cariñoso: +Chicory

en un gato nervioso: +Impatiens

3.3 REPERTORIO FÍSICO

Aunque la esfera emocional es el alcance preferido de las flores de Bach, es consolidado el conocimiento de su eficacia en el plano físico. Sin embargo, hay que tener en cuenta que en muchas condiciones se prefiere asociar la asunción de las esencias a metodo holísticos más orientados.

Para facilitar la consulta, el repertorio físico ha sido elaborado de una forma muy libre, asociaciando los síntomas y condiciones a enfermedades.

El repertorio debe utilizarse con cierta flexibilidad. Por ejemplo, si vuestro gato sufre regularmente por rigidez articular cuando llega la estación fría, entonces a las flores sugeridas en la voz *Articulares, trastornos crónicos* asociaráis también las flores sugiridas en la voz *Enfermedades cíclicas y recurrentes*.

A menudo conviene ocuparse de las diferentes facetas de una sola condición. Un gato con insuficiencia renal, que podemos apoyar con las flores indicadas en la voz *Órganos en hipofunción*, podría al mismo tiempo presentar una pielonefritis, es decir una inflamación debida a una infección que exacerba estas deficiencias. En este caso, añadimos a la fórmula también sugirió las flores sugeridas en la voz *Infección y Inflamación*.

En caso de que vosotros tenéis un diagnóstico que no tiene igual en la lista, elijáis la flor que se ocupa de los síntomas más incapacitantes o preocupantes de esa enfermedad. Sin embargo complicado es el nombre de una enfermedad, de hecho, sus manifestaciones siempre entran en esta o esa categoría. No necesida ser puntilloso: el lenguaje de las flores es sintético y universal.

Alergias e intolerancias

Tanto a los alimentos como al medio ambiente. Añadir las esencias útiles según el evento (ver. ej. la voz Piel *para las erupciones urticarianas).*

Beech +Walnut

Articulaciones, trastornos agudos

Dolores agudos de tipo ciático o inflamatorio, artritis aguda, contracturas, etc.

Vervain +Vine

si hubo un trauma, y en las contracturas: +Star of Bethlehem

si muy doloroso: +Elm +Agrimony

Articulaciones, trastornos crónicos

Fenómenos artrosicos y rigidez.

Willow +Rock Water

poca movilidad y las articulaciones "como frías": +Water Violet +Clematis

dolor tenue pero persistente: +Impatiens

Abscesos

Espinillas, pústulas, quistes, etc. (los remedios deben ser administrados por vía oral y, especialmente, por vía tópica).

Crab Apple +Vine

si calientes y dolorosos: +Vervain

Ataxia cerebelosa

Se manifiesta por la falta de coordinación motora y otros signos de afectación del sistema nervioso central.

Crab Apple +Scleranthus +Clematis +Cherry Plum

movimientos incontrolados exageradamente: +Vervain

Boca

Inflamaciones causadas por estomatitis, ránulas, abscesos dentales

v. Abscesos

ránulas, glositis: +Star of Bethlehem

glositis: +Willow +Chicory

si el gato no está tranquilo: +Elm +Agrimony

Calor problemático

Scleranthus

excesivo: +Vervain

para las gatas: +Chicory

Cardiovascular, aparato

arritmia: Cherry Plum +Scleranthus

insuficiencia: Larch +Hornbeam

hipertensión: Vine +Vervain

trombosis: Chicory +Crab Apple +Rock Water +Star of Bethlehem +Centaury +Clematis

Cistitis

Crab Apple +Holly

si el gato no está tranquilo: +Beech +Agrimony

Cola del semental

v. Piel y pelo

Congestiones y retenciones

Ej. ascitis, edema

Chicory +Willow

Convalecencia

v. Debilidad

Constipación

v. Digestivo, aparato

Calambre de todos tipos:

Impatiens +Star of Bethlehem

si el dolor es muy fuerte: +Elm

Crisis de todo tipo con pérdida del control

Ej. convulsiones.

Cherry Plum +Clematis

al momento: Rescue Remedy

Cristalizaciones

Cálculos, quistes, urolitiasis, cristales en la orina.

Rock Water +Crab Apple

Debilidad

Anemia, adelgazamiento, pérdida de peso, la inmunosupresión.

Olive

convalecencia: +Centaury

pocas ganas de movimiento: +Hornbeam

falta de interés en el medio ambiente circundante: +Clematis

por la mala resistencia física: +Oak

inmunosupresión grave: +Gorse

debilitante enfermedad infecciosa (incluyendo Anemia Infecciosa Felina): +Crab Apple +Centaury

Diarrea

v. Digestivo, aparato

Digestivo, aparato

constipación: Crab Apple +Chicory +Willow

debido a los intestinos muy atónicos: Rock Rose +Clematis +Crab Apple *cirrosis:* Chicory +Willow +Scleranthus +Walnut

diabetes: Larch +Scleranthus +Walnut +Cherry Plum

diarrea: Crab Apple +Gentian +Impatiens

    si virulenta: +Scleranthus +Cherry Plum

    si potencialmente debilitante: +Olive

vómito: Walnut +Cherry Plum +Scleranthus

vomita porque come demasiado rápidamente: Impatiens

Distorsión, luxaciones, fracturas

en la inminencia: Rescue Remedy

en seguida: Star of Bethlehem +Walnut

si hay inflamación: +Impatiens +Holly

si el dolor es muy fuerte: +Elm +Agrimony

Dolor

Impatiens

muy fuerte: +Elm +Holly

demasiado insistente (el animal no está tranquilo): +Agrimony

fluctuante (a momentos): +Scleranthus

Fiebre alta

Holly +Crab Apple

Heridas que se cicatrizan con dificultad

Crab Apple +Star of Bethlehem +Hornbeam

si se inflama la zona que rodea: las mismas flores también por vía tópica

Ginecólogos, problemas

Chicory

Hinchazones

Incluido la retención de líquidos.

Chicory +Willow

Inmunitario, sistema
v. Debilidad

Inmunodeficiencia Felina (FIV)
v. Debilidad-> Enfermedad infecciosa debilitante

Falta de apetito
falta de interés en los alimentos: Wild Rose +Hornbeam +Mustard
después de una enfermedad: Gentian
por malas condiciones intestinal: Crab Apple

Incontinencia
Si se sospecha causas emocionales asociar las esencias apropiadas.
Cherry Plum +Scleranthus +Impatiens

Infecciones
Crab Apple
con absceso: +Vine
foco de abajo que no se resuelve: +Willow

Inflamaciones
Holly +Vervain +Impatiens
si cutáneas: +Crab Apple
si molestas: +Beech
si cronicas: +Willow

Intoxicación
De todos tipos (por alimentos, por farmacos, por la ingestión de sustancias).
Crab Apple
se queda debilidado: +Olive

Letargo

Hornbeam +Olive + Wild Rose +Clematis

Leucemia Infecciosa Felina (FeLV)

Dada la variabilidad de las manifestaciones de la FeLV, que estarán asociados con las flores atadas a los síntomas particulares del gato.

Crab Apple +Olive

Sufrir el coche (marear)

Scleranthus +Walnut

Enfermedades caracterizadas por fuertes fluctuaciones

Ejemplos: dolores que llegan "en momentos", la fiebre sube y baja rápidamente.

Scleranthus

Enfermedades cíclicas y recurrentes.

Por ejemplo alergias estacionales.

Chestnut Bud +Scleranthus

Enfermedad grave o terminal

Asociar a la fórmula las flores para síntomas específicos.

Gorse +Sweet Chestnut +Walnut

Nervioso, trastornos del Sistema

Trastornos del equilibrio, convulsiones, parestesias, etc.

eventos urgentes y repentinos: Rescue Remedy

diversos trastornos neurológicos: Clematis +Rock Rose +Walnut +Scleranthus +Star of Bethlehem

síndrome vestibular: Scleranthus +Walnut

Ojos

Los remedios deben ser administrados por vía oral y, especialmente, por vía tópica (gotas).

   conjuntivitis: Vervain +Crab Apple

      si pica mucho: +Beech

   glaucoma: Star of Bethlehem +Vervain +Vine +Crab Apple

   baja visión: Clematis +Star of Bethlehem +Hornbeam

Orejas

Los remedios se suministran por vía oral y también por vía tópica (gotas).

   otitis aguda: Vervain +Vine +Crab Apple

      si es muy dolorosa: +Elm

   parásitos (ácaros): Crab Apple

   síndrome vestibular: v. Nervioso, trastornos del Sistema

Hipofunción de órganos:

Los órganos que no están cumpliendo su deber hasta el final: insuficiencia hepática, renal, etc.

Larch +Wild Rose +Hornbeam +Walnut

Hormonas

Alterada producción hormonal (es. hipo o hipertiroidismo)

Scleranthus +Walnut +Cherry Plum

   si insuficiente producción hormonal: +Larch

   si excesiva producción hormonal: +Vervain

Panleucopenia (moquillo felino):

Olive +Crab Apple +Scleranthus +Cherry Plum

   fiebre muy alta: +Holly

   síntomas demasiado virulentos: +Vervain

   mucha mucosidad que no puede expulsar: +Chicory

excesivo abatimiento: +Gentian +Gorse

Parálisis de una extremidad

Rock Rose +Clematis +Cherry Plum

si necesari aporto de energía: +Larch

Parásitos internos o externos

Crab Apple +Centaury

si causan debilidad: +Olive

Piel y pelo

Los recursos deben ser administrados por vía oral y tópica.

Crab Apple

si crónicos: +Willow

si recurrentes: +Scleranthus

erupciones de urticaria: +Vervain +Holly

comezón: +Beech

si muy molestos: +Agrimony

micosis (tiña): +Centaury

picaduras de insectos: +Beech

si dolorosas: +Impatiens

(uso local a través la pomada Rescue Remedy)

Peritonitis Infecciosa Felina (F.I.P.)

Dada la variabilidad de las síntomas de la F.I.P., además de los casos especificados que se asociarán con las flores conexos a otros síntomas del gato.

Crab Apple +Olive

si hay inflamación ocular: v. Ojos-> Conjuntivitis

si hay derrame interno (acumulación de líquido): +Willow +Chicory

Comezón

Beech

con enrojecimiento / inflamación: +Holly +Vervain

vuelve el gato inquieto: +Impatiens

insoportable, el gato no tiene paz: +Impatiens +Agrimony

Riñones

insuficiencia renal crónica: +Crab Apple +Walnut +Larch

si hay infección (pielonefritis): +Willow

si la ecografía muestra los riñones ya al límite: +Oak

Vías respiratorias

Resfrío, rinotraqueitis, etc.: Crab Apple +Willow +Chicory

Faringitis, laringitis, etc.: Crab Apple +Holly

Tos seca, irritativa: +Agrimony +Beech +White Chestnut

Tos grasa, productiva: +Agrimony +White Chestnut +Chicory +Crab Apple

fiebre alta: +Holly

Senilidad

Disminución de la actividad, letargo y disminución del rendimiento físico y mental.

Hornbeam +Olive +Clematis +Walnut

Tétano

Crab Apple +Rock Water +Vervain

extrema rigidez y parálisis: +Rock Rose +Elm

Trauma

Caídas, choques, fracturas, quemaduras.

en el einmediado: Rescue Remedy

en seguida: Star of Bethlehem

Vértigo

Scleranthus

3.4 PEQUEÑO REPERTORIO PARA LOS COMPAÑEROS HUMANOS

« Estos pequeños mendigos cubiertos de pelos
en realidad son pozos profundos, tan profundos,
donde tiramos todas nuestras emociones.»

Bruce Schimmel

Repertorio para los compañeros humanos. O sea vosotros.

¿Pensabais que no lo necesitáis?

En la literatura floral leemos que los propietarios necesitan las mismas flores de sus mascotas. Es verdad, esto sucede a veces, y debe hacernos reflexionar. De hecho, tenemos la tendencia a subestimar el cambio sutil e invisible, pero continuo, que tiene lugar entre nosotros y nuestros gatos.

Después de muchos años de vivir con estas maravillosas criaturas, y si tenemos suerte, podríamos incluso encontrar que hemos aprendido algo, o sea que nosotros nos hemos vuelto un poco gatos.

Vamos a ver nuestro pequeño repertorio.

Estamos demasiado duro con él? Lo sé, no sois de esas personas horribles que golpean a sus propias mascotas o confinan al gato en una habitación al nacimiento de un niño. Vosotros no estaríais aquí de lo contrario.

Pero a veces sucede que - endurecidos por eventos personales, rigidos por las creencias conformistas o distraídos por la fuerza gris de la costumbre - terminamos dándonos cuenta de que ya no lo trataramos bien, a nuestro gato. De hecho, a veces estamos francamente demasiado duros, repréndele, le hacemos huir miedoso por otro reproche (que también esta vez no va a escuchar) por haber hecho esto, arruinado este otro, etc ..

Hagamos un examen de conciencia: ¿estamos exagerando? Si sì: *Vine +Rock Water*. Al que aañdimos:

- Si nos enfadamos realmente: *+Holly*

- Si es difícil controlarnos pero sólo queríamos arrojarle contra la pared: *+Cherry Plum*

- Si queréis arrojarle contra la pared desde mucho tiempo: *+Willow*

- Se nos parece que nos mira con una sutil aire desafiante y esto nos irrita a morir: *+Beech*

- Si estamos obsesionados por su particular comportamiento que no quiere modificar: *+White Chestnut +Crab Apple*

- Si ahora pensáis que os sentís culpable: +*Pine*

¿Le mimamos todavía? No es como cuando él era un gatito. No hacía más que jugar, y para vosotros era casi imposible no involucrarse. Entonces, había esos momentos mágicos cuando se encogía en las piernas, y vosotros con él os adormecéis en el sofá por su ronroneo mientras fuera nevicaba.

A veces el amor necesita ser apoyado, ya que podríamos capitular damos todo por obvio. Si os sentís un poco lejano, desafinado de él, tomáis la flor del gato aristocrático: *Water Violet*. No sólo eso: +*Hornbeam* +*Wild Rose*. Ahora ¡id recogerle en los brazos!

No queremos perderle. En el momento de la separación, y los pasos que la preceden cuando es conocido e inevitable, es terrible. Ya sabemos de su repertorio qué hacer para él. Pero tenemos el derecho y la necesidad de hacer algo por nosotros.

Cuando hay un mal diagnóstico de la que sabéis que no pasará bien, y si la vivís muy mal, tomáis *Gentian* +*Red Chestnut*. Al que vais a agregar:

+*Elm* si os sentís abrumado por la situación y piensáis de no hacerlo

+*Agrimony* +*Mimulus* si pretendéis a vosotros mismos que está bien pero tienen terror

+*Water Violet* +*Wild Rose* si tendéis a alejaros por el miedo de sufrir

+*Impatiens* +*White Chestnut* si estáis nerviosos y no podéis pensar en otra cosa

+*Sweet Chestnut* +*Gorse* si estáis profundamente angustiados

Si tenéis la duda entre las diferentes opciones de tratamiento y no podéis decidir, probáis esta fórmula (4 gotas 6-8 veces al día) unos días:

Wild Oat +*Cerato* +*Scleranthus* +*Clematis*

Cuando, a pesar de todos vuestros esfuerzos, **ha cruzado el puente**. En primer os tranquilizáis y os consoláis, pero hagáislo realmente porque ahora ya no sufre más y esto es un hecho indiscutible. Luego, tomáis el *Rescue Remedy* con toda la frecuencia que necesitáis, y al mismo tiempo se prepara esta fórmula, que va a sostituir: *Star of Bethlehem* +*Red Chestnut* +*Elm* +*Sweet Chestnut* +*Honeysuckle* +*Walnut*. Si os sentís culpable: +*Pine*. Si tenéis crisis emocionales tempestuosas, casi de pánico, añadís a la botella 4 gotas de *Rescue Remedy*.

Repetís la asunción 4 gotas 6-8 veces al día, o incluso más a menudo.

Capitolo 4:   COSA Y COMO

Cada flor de Bach se comercializa en un solo frasco de concentrado, por lo general de 10 ml ("stock bottle"). En la mayoría de los casos vuestro gato toma una mezcla compuesta de diferentes flores, a menudo 4 o 5.

Hay dos posibilidades.

La primera consiste en llamar a vuestro herbolario o farmacéutico, que os preparará una botella que contiene 2 gotas de cada flor diluido en 30 ml de agua pura.

Normalmente se añaden a la preparación unos pocos ml de alcohol (brandy) para favorecer la preservación. Es posible, pero desconsejable administrar la solución así preparada a vuestros gatos.

Preguntáis, por lo tanto, que no se añada el brandy, y mantenéis la botella en un lugar fresco y seco, en la oscuridad. Lo ideal sería añadir unas gotas de plata coloidal. Pero, si no es verano, durante unos diez días no se echan a perder.

Si el clima es cálido, recogéis la botella con alcohol pero usáis el método de administración previsto para los casos agudos (v. más adelante). Asegurarse que, sin embargo, el líquido no se convierta turbio ni tenga filamentos, una señal que la preparación tiene que ser rehecha.

La segunda posibilidad es que compráis cada frasco de concentrado y que preparáis vosotros la botella de tratamiento. Esto resuelve el problema del almacenamiento, porque se puede renovar si es necesario.

Aunque muchos manuales sobre las flores de Bach parecen asumir que el lector tiene disponible todas las 38 flores, creo que podéis ahorrar el relacionado importante gasto. Estamos de acuerdo en comprar las ampollas stock sólo en el caso de un problema (físico o de comportamiento) de largo recorrido en el que observáis que las flores tienen un cierto efecto, pero que tiende a reaparecer después de un poco de tiempo desde el final de la administración.

Para la preparación, consegís una botella estéril de vidrio color ámbar, llenarla casi completamente con agua mineral y añadís 2 gotas de cada flor de Bach elegida.

4.1 FRECUENCIA DE LAS TOMAS

Para las disonancias del carácter, si queremos corregir un problema básico de ligera o mediana entidad, el gato va a tomar el remedio 3-4 veces al día. Si el problema es más apremiante e intrusivo (por ejemplo si el gato ha llegado a ser demasiado agresivo) la asunción debe ser más frecuente: 6 veces al día o más.

Para *las dolencias físicas*: 4 veces al día por enfermedades crónicas, 6-8 veces para enfermedades agudas. En general, cuanto más el trastorno es agudo y mayor debe ser la frecuencia de consumo (que se reduce a la disminución gradual de los síntomas).

4.2 FORMA DE ADMINISTRACIÓN

POR BOCA

¿Cómo se va a administrar? La cantidad estándar es de 4 gotas (pero si son 3 o 5 no cambia nada) cada vez. Se abre la boca del gato y se verten las gotas en el interior. Lo importante es que las gotas entren en contacto con las mucosas de la boca; que se las trage o no es irrelevante. Es muy importante que la pipeta cuentagotas no entre en contacto con la saliva. Dado que a menudo no es posible, es preferible diluir las gotas en una tacita de café con muy poca agua, aspirar el líquido con una jeringa sin aguja y utilizar esta herramienta para administrar el remedio. Después su uso enjuagamos la jeringa con agua corriente.

Si vuestro gato, cosa poco frecuente, a menudo bebe, podéis agregar el remedio en el cuenco de agua (el contenido de medio gotero puede estar bien) y se vuelve a agregar en cada cambio de agua. También podéis añadirlo en la comida fresca inmediatamente antes de su consumo, y evitáis una de las administraciones directas.

En los casos agudos, con enfermedades con síntomas muy intensos, y en situaciones muy difíciles, la asunción debe ser lo más a menudo posible. Es conveniente, en este caso, verter todo el contenido de la botella con la mezcla de Bach en una botella de agua mineral de medio litro y usar un poco para todos: se mezcla con los alimentos, en el recipiente para beber, en cualquier preparación de alimentos específicos para gatos sugerido por naturópata o prescrito por su veterinario. Esto, juntas a cada dosis por vía oral, para alcanzar 8-10 veces las asunciones diarias totales.

Este método es útil, dado la gran dilución, aunque no nos pudimos llegar a preparar las flores sin alcohol.

En resumen:

- *Trastornos crónicos o tratamiento básico de las disonancias del carácter:* 4 gotas (o 1-2 ml de solución acuosa) 4 veces al día;

- *Disonancias del comportamiento exageradas y alarmantes:* 4 gotas (o 1-2 ml de solución acuosa) 6-8 veces al día;

- *Trastornos agudos:* 4 gotas (o 1-2 ml de solución acuosa) de 6-8 veces al día y más, según necesidad;

- *Emergencias* (gato que suffre mucho): cada 5 o 10 o 15 minutos, o también cada minuto, según necesidad. Esto se hace generalmente con el Rescue Remedy, el que vamos a diluir 4 gotas en un vaso de agua del que prelevamos las 4 gotas (o 1 ml). Si el gato está inconsciente, vamos a verter unas gotas de solución pura directamente en las membranas mucosas de la boca.

APLICACIÓN LOCALIZADA

Todas las veces posibles, se aconseja - en dolencias físicas - aplicar las flores de Bach a nivel local, con el fin de enviar la "información energética" que está en la flor directamente donde necesita. ¿Cuándo es posible? Cuando el problema está claramente localizado y en una zona accesible.

Por tanto, podemos usar las esencias en todos los problemas de la piel, sino también en los ojos y los oídos.

En todos los casos será útil administrar las mismas esencias también por vía oral.

En el repertorio será reportado las situaciones que benefician de una aplicación tópica.

Preparar gotas para los ojos o los oídos.

Compráis una botella de vidrio estéril 10 ml con gotero. Llenarla casi en su totalidad con solución fisiológica (pedirla en la farmacia: cloruro de sodio al 0,9%). A continuación, añadís (si tenéis la botella stock) o vuestro herbolario añade 1 gota de la o las flores necesarias. En la preparación para los ojos es mejor que no exceda de 4 flores.

Instilar una gota de esta solución en los ojos, o 2-3 gotas en los oídos, 2-3 veces al día.

La botella se debe almacenar en un lugar oscuro, fresco y seco, y después de una semana la solución debe prepararse de nuevo.

Preparar una pomada.

Las flores de Bach actúan con sinergia perfecta mezclados en ungüentos, cremas y pomadas que contienen los principios naturales y las moléculas químicas. Para tratamientos de la piel, obtener un frasco del tamaño adecuado (30 ml es a menudo un buen compromiso), transvasar la pomada hasta que se llena casi por completo, y añadir o hacer añadir 2 gotas de cada flor (si el bote es más grande poner unas gotas más). A continuación, mezclar bien con una cuchara o un palillo de dientes.

Se puede utilizar como base una pomada química prescrita por el veterinario, con sustancias naturales recomendada por el naturópata, o incluso una crema neutra.

4.3 TIEMPOS

¿Qué tan pronto podemos esperar los efectos? Es imposible dar una respuesta precisa. A menudo, los animales (como los niños) responden a una velocidad sorprendente a las flores de Bach.

En línea completamente general:

- tratamiento básico de una nota de caracter siempre existente: 1-2 meses

- disonancias del comportamiento recientes: de unos pocos días a unas semanas

- trastornos agudos: de unas horas a unos días

- emergencias: posiblemente inmediatamente

Si no observáis variaciones dentro de un plazo razonable significa que las flores elegidas no son las correctas, y luego se cambia la mezcla. En el caso de los trastornos físicos que también puede significar que las flores de Bach son demasiado "dulce" en comparación con la inmanencia de la condición, y se debe evaluar si apoyar el gato con metodo, también naturopáticos, incluso más vigorosas.

4.4 ¿FUNZIONAN?

Emocionalmente, y luego conductual, es raro que las flores, si bien elegidas, no surten efecto. No es cierto que resuelvan la situación por completo, pero ciertamente en la mayoría de los casos hacen claras mejoras. En el uso para enfermedades físicas los efectos podrían ser más difíciles de evaluar, y por supuesto si hay un problema grave se debe, en primer lugar, consultar al veterinario.

En cuanto al caracter, se debe hacer una aclaración importante: un gato de naturaleza inpositivo (como *Vine*), o tímida (como *Mimulus*), o alejado (como *Water Violet*) ¡no se convertirá en su contrario, como resultado de la acción de las flores!

Las esencias tienen un efecto de reequilibrio, que favorecen el retorno a un estado normal, a su naturaleza original. ¡Un gato "salvaje" es un gato salvaje!

Por lo tanto, desde un punto de vista emocional y de carácter en la mayoría de las flores podemos tener uno de dos casos:

- *Un gato que expresa por su naturaleza la esencia de esa flor*. En este caso, la personalidad del gato se mantenerá sin cambios con la administración de la esencia, pero se diluirán los excesos. Por ejemplo, un gato inquieto estará inquieto, pero va a ser un poco menos, lo mismo para un gato celoso, etc.

- *Un gato que expresa transitoriamente la esencia de esa flor.* En este caso, podemos esperar que la falta de armonía emocional se resuelve por completo, o al menos mejora gradualmente. Por ejemplo un gato que en algún momento se ha convirtido en supermiedoso puede encontrar el valor de un tiempo.

VEN, BELLEZA

Es sólo un gato de edad que nos siguió hasta casa.

No tiene una estrella que brilla en si mismo ni un manto sedoso.

No tiene rayas de tigre orgullosa, ni andar noble

o un cuello elegante de terciopelo.

Es un pulguiento, sucio gato de ciudad, no un gato de lujo:

una pequeña bolsa de huesos viejos.

"Belleza" te llamaremos.

Ven, Belleza.

Eve Merriam, *The Stray Cat*

Visita la BookPage reservada para los lectores
de este libro en la dirección electrónica
http://www.erewhonians.com/gato_bp/

CONTENIDOS ADICIONALES Y ANÁLISIS

PREGUNTAS Y RESPUESTAS SOBRE EL TRATAMIENTO
CON LAS FLORES DI BACH

ACTUALIZACIONES Y NOVEDADES

PROMOCIONES A LA COMPRA DE OTROS LIBROS

www.erewhonians.com
www.facebook.com/erewhonians

www.ingramcontent.com/pod-product-compliance
Lightning Source LLC
LaVergne TN
LVHW051544170726
843492LV00006B/1944